ENTREPRISE GÉNÉRALE

DU

TRANSPORT DES PERSONNES ET DES CHOSES DANS PARIS

PAR UN RÉSEAU

DE CHEMINS DE FER SOUTERRAINS

Desservant tous les quartiers principaux et les mettant
en communication avec les gares des chemins de fer

ET PAR UN SERVICE COMPLÉMENTAIRE DE VOITURES A CHEVAUX.

———

PARIS

IMPRIMERIE DE GUIRAUDET ET JOUAUST

RUE SAINT-HONORÉ, 338.

—

1855

ENTREPRISE GÉNÉRALE

DU

TRANSPORT DES PERSONNES ET DES CHOSES DANS PARIS

PAR UN RÉSEAU

DE CHEMINS DE FER SOUTERRAINS

Desservant tous les quartiers principaux et les mettant
en communication avec les gares des chemins de fer

ET PAR UN SERVICE COMPLÉMENTAIRE DE VOITURES A CHEVAUX.

—●—

PARIS
IMPRIMERIE DE GUIRAUDET ET JOUAUST
RUE SAINT-HONORÉ, 338.
—
1855

ENTREPRISE GÉNÉRALE

DU

TRANSPORT DES PERSONNES ET DES CHOSES DANS PARIS

PAR UN RÉSEAU

DE CHEMINS DE FER SOUTERRAINS

Desservant tous les quartiers principaux et les mettant
en communication avec les gares des chemins de fer

ET PAR UN SERVICE COMPLÉMENTAIRE DE VOITURES A CHEVAUX.

1re Partie.

DU RÉSEAU DE CHEMINS DE FER SOUTERRAINS. — BUT ET UTILITÉ DU CHEMIN
DE FER SOUTERRAIN DE PARIS. — TRACÉ. — CONSTRUCTION. — TRACTION.
DÉPENSES DE CONSTRUCTION ET D'EXPLOITATION. — PRODUITS
DE LA VOIE FERRÉE SOUTERRAINE.

TITRE Ier. — But et utilité du chemin de fer souterrain de Paris.

CHAPITRE Ier. — *Aperçu des résultats que produira l'établissement du chemin de fer souterrain.*

1. En comparant les moyens si rapides et si puissants de locomotion employés sur les chemins de fer avec les moyens si lents, si compliqués, si divisés, si dispendieux, et pourtant si insuffisants, dont on use dans les rues de Paris, qui ne s'est dit combien il serait heureux que les rues pussent être sillonnées par ces convois si prompts, par ces machines si puissantes? Mais cette pensée d'utile progrès s'évanouit bien vite devant l'impossibilité de sa réalisation.

Or, ce qui est inexécutable dans les rues de Paris peut être rendu parfaitement pratique au moyen de galeries souterraines, et cela avec des avantages immenses, puisqu'au lieu d'obstruer les rues, une voie ferrée souterraine les désencombrerait, et que ce système permettrait d'employer des machines fixes avec chaînes, et d'échapper ainsi aux dangers que présentent les locomotives, dont on serait forcé de faire usage si l'on voulait avoir dans les rues de Paris un moyen de traction réellement prompt et puissant.

2. Frappés de cette idée, après l'avoir bien mûrie et, voulant se mettre à même de la formuler nettement, les auteurs du projet actuel, par trois lettres, en date, l'une du 5 janvier 1851, les deux autres du 9 même mois, écrivirent à S. Exc. M. le ministre des travaux publics, à M. le préfet de la Seine et à M. le préfet de police, pour demander l'autorisation de prendre, dans les dépôts publics et dans les bureaux des administrations, tous les renseignements nécessaires à l'étude d'un chemin de fer souterrain dans Paris. Ces trois lettres contenaient un aperçu détaillé du tracé tel qu'il est définitivement proposé par eux aujourd'hui, reliant entre elles et avec tous les principaux points de Paris les gares des grands chemins de fer ; les moyens d'exécution, de construction, de traction par machines fixes, y étaient indiqués.

3. On se ferait difficilement une idée des ressources attachées à un chemin de fer souterrain dans une grande ville comme Paris, ayant de nombreuses gares et stations, et auquel serait annexé un système général et complet de voitures attelées, pour le service du roulage, du camionnage, du factage, et pour tous les autres services de transport et de correspondance dans les quartiers où n'aboutirait pas le chemin de fer lui-même.

L'établissement de la voie ferrée souterraine *aurait pour effet :*

1° De *diminuer l'encombrement des rues* principales, cause permanente d'accidents quotidiens, encombrement qui s'accroît tous les jours, et qui s'accroîtra plus encore avec le développement que prend chaque année la population de Paris ;

2° De rendre *l'entretien des rues* beaucoup *plus facile et moins dispendieux,* en les débarrassant de l'affluence des lourdes voitures, dont la marche lente est un si grand obstacle, et dont le poids est la cause la plus active de la destruction des chaussées ;

3° De mettre à la disposition des habitants de Paris des *moyens de transport toujours prêts, toujours suffisants,* même aux jours de grande affluence, et de les rendre *accessibles,* pour une très modique rétribution et par une exception de faveur, *aux nombreux ouvriers* qui logent aux extrémités de Paris ou dans la banlieue, et que leurs travaux appellent chaque jour dans l'intérieur de la ville ;

4° De *hâter,* de régulariser, de généraliser, en les centralisant, le *service de factage* des messageries et le *service de camionnage* dans l'intérieur de Paris ;

5° De *faciliter le transport* de ces innombrables *articles du commerce de dé-*

tail ou *de demi-gros*, qui exigent aujourd'hui, de la part des maisons de commerce de Paris, l'entretien de voitures et d'un personnel de facteurs ou commissionnaires qui se multiplient avec les grands magasins, et qui sont une des plus fortes charges de la vente ;

6° De *procurer* aux *voyageurs dans Paris*, au commerce et à tous ceux qui reçoivent des articles de *roulage* ou de *messagerie*, une *économie de 30 à 40 pour 100* sur les prix actuels de *transport par omnibus, de camionnage et de factage*, de même que sur le *transport des articles du commerce de détail ou de demi-gros* et des *articles de commission dans Paris*, économie qui doit être évaluée à plus de 5 millions par an (voir ci-après n° 13);

7° D'apporter sur-le-champ une *facilité*, un *perfectionnement* et une *économie* immenses dans le *service des vidanges*, puisque, presque sans frais, on pourra transporter les vidanges de tous les points de Paris à toutes les gares des chemins de fer, et de là dans la campagne partout où il en sera besoin, et de *faciliter* également le *transport hors Paris des eaux ménagères*, si l'on parvient à les recueillir et à les utiliser pour l'agriculture ;

8° De *faciliter* encore le *transport des boues hors Paris*.

4. Et tous ces résultats pourront être obtenus sans apporter le moindre trouble dans les industries actuelles. Comme nous le verrons ci-après, l'établissement du chemin de fer et du service de voitures à chevaux qui en sera le complément ne fera que faciliter le camionnage et le factage aux entreprises de roulage et de messageries (n° 129 et 140); et les entreprises de transport de voyageurs en commun elles-mêmes y trouveront un moyen d'augmenter le nombre de leurs voyageurs et les produits de leur exploitation (voir n° 91 [note] et n° 133).

CHAPITRE II. — *Examen particulier de chacun des résultats que produira l'établissement du réseau de chemins de fer souterrains.*

1er RÉSULTAT. — *Diminution de l'encombrement des rues de Paris.* — *Sûreté des piétons.*

5. L'encombrement des rues de Paris est immense. Il circule tous les jours dans Paris plus de 50,000 voitures (1), depuis la voiture bourgeoise à quatre

---

(1) On lit dans le *Moniteur* du 18 novembre 1850, p. 3280, 1re colonne :

« *Statistique.* — Il vient d'être fait un relevé aussi exact que possible du nombre de voitures de toute espèce, ainsi que des chevaux, qui circulent dans Paris :

» Voitures de place, ordinaires et supplémentaires, 1828, savoir : cabriolets ordinaires, 733 ; supplémentaires, 61 ; coupés ordinaires, 62 ; supplémentaires, 31 ; fiacres ordinaires, 817 ; supplémentaires, 91. Total, 1828 voitures de place.

roues jusqu'à la petite voiture à bras; et la plupart d'entre elles font, dans l'intérieur de la cité, environ 50 kilomètres par jour (1).

Quant à la circulation des piétons sur les points les plus fréquentés de Paris, il a été constaté, en 1850, que, sur le Pont-Neuf, il passait 80,000 piétons en 24 heures, et 10.000 chevaux.

Si l'on considère que cette affluence de piétons, de chevaux et de voitures, encombre surtout un certain nombre de rues et à certaines heures de la journée, et qu'il y a même des jours où l'affluence est triple et quadruple de ce qu'elle est aux jours ordinaires, on comprendra de quelle utilité sera la voie souterraine ferrée, seul moyen de transport qui puisse, en tous temps et dans tous les moments, suffire aux besoins, quels qu'ils soient, de la circulation.

« Voitures de remise, 3000; omnibus, 100; cabriolets, dits coucous, 28; messageries pour les environs de Paris et voitures spéciales pour les chemins de fer, 2000; cabriolets bourgeois à 2 roues, 1000; voitures bourgeoises à 4 roues, 13,000. Total des voitures circulant dans Paris, 21,256.

« Charrettes, tombereaux, haquets, camions, voitures des halles, tapissières, voitures à bras, etc., 25,000; tonneaux de porteurs d'eau, à bras et à cheval, 1000. — Total général, 50,256.

« Le nombre de chevaux de transport et de luxe *nourris dans Paris* est de 21,000. » (Plusieurs des chevaux circulant dans Paris sont *nourris hors Paris.*)

Une note fournie au commencement de 1851 par la préfecture de police donne les renseignements suivants :

Nombre des voitures circulant dans Paris.

Voitures de place	2.002
Voitures de remise.	3.670
Voitures de transport en commun.	386
Voitures spéciales des chemins de fer	159
Voitures de l'extérieur (coucous).	21
Messageries de long cours	500
Voitures des environs de Paris	400
Voitures bourgeoises.	4,858
Voitures de roulage.	10,530
Total.	22,526

Chevaux employés pour ces voitures :

Logeant et nourris dans Paris	20,000
Logeant hors Paris.	17,262

Les 13,000 voitures bourgeoises à quatre roues et les 25,000 charrettes, tombereaux, camions, tapissières, voitures à bras, etc., de 1850 (voir l'extrait du *Moniteur* de 1850 qui précède), paraissent devoir être ajoutées au nombre de 22,526 voitures de 1851.

(1) On estime que les courses de fiacre, payées 1 fr. 50, sont, l'une portant l'autre, de 3 kilomètres, et qu'un fiacre gagne 15 fr. par jour; c'est-à-dire que chaque fiacre parcourt par jour 30 kilomètres. Il en est de même de toutes les autres voitures de place. Les voitures de remise font encore plus de chemin.

Les voitures omnibus parcourent, en moyenne, 64 kilomètres par jour.

6. Il y a *tous les jours une personne tuée ou blessée* par les voitures dans les rues de Paris : c'est la moyenne des accidents *constatés*, indépendamment de ceux qui passent inaperçus, et qui doivent être plus nombreux (1). Le chemin souterrain, en s'emparant des objets les plus lourds et d'une partie des voyageurs qui circulent aujourd'hui sur la surface des rues, offrira le moyen le plus sûr de diminuer ces accidents.

2° RÉSULTAT. — *Diminution de la dépense d'entretien des rues et chaussées.*

7. L'entretien des rues de Paris a coûté à la ville, en 1853, 2,500,000 fr., non compris le pavage neuf.

Or, ce qui nuit le plus aux chaussées, ce sont les lourdes voitures, celles-là mêmes dont la voie ferrée souterraine débarrassera principalement les rues.

Il y a donc lieu d'espérer que l'établissement du chemin de fer souterrain procurera à la ville de Paris une notable économie sur l'entretien de ses chaussées. Si cette économie était de moitié, ce serait, par an, de plus, dans l'actif du budget de la ville, une somme de 1,250,000 fr.

3° RÉSULTAT. — *Moyens de transport, dans Paris et hors Paris, toujours prêts et toujours suffisants, même aux jours de circulation extraordinaire et de grande affluence. — Facilités données aux ouvriers qui demeurent aux extrémités de Paris ou hors Paris, pour venir à leurs travaux dans Paris et pour s'en retourner le soir.*

8. Aux jours de grande affluence, les voitures de transport en commun dites *omnibus*, de même que les voitures qui desservent les chemins de fer, sont complétement insuffisantes. La population de Paris a des chemins de fer pour la transporter, les dimanches et les jours de chômage, dans la campagne ; mais, pour se rendre aux embarcadères de ces chemins de fer et pour en revenir le soir, ceux qui ne peuvent pas payer un fiacre, et c'est le plus grand nombre, sont forcés d'aller à pied. On sait, en outre, combien de voyageurs, même les jours ordinaires, attendent leur place et leur tour dans les bureaux d'omnibus. Sur certaines lignes, on est obligé de s'inscrire long-temps d'avance, et

---

(1) Note fournie par la préfecture de police au commencement de 1854.

Accidents de voitures constatés dans Paris :

En 1850.	264
» 1851.	118
» 1852.	218
» 1853.	530
	1160

Ce nombre de 1160 accidents pour quatre années donne une moyenne de 363 accidents par an, un accident par jour.

Sur une moyenne décennale de 380 accidents par an, dans le département de la Seine, jusqu'en 1850, on a compté 24 morts et 356 blessés. (Voir *Annuaire d'économie politique* 1850.)

l'on voit près des bureaux des queues de voyageurs comme à la porte des spectacles les plus recherchés.

L'affluence des voyageurs étant surtout entretenue par ceux qui se rendent aux chemins de fer, et la voie souterraine conduisant à tous les embarcadères, il n'y aura plus de ce côté ni manque de place, ni attente. L'abaissement du prix de transport à plus de moitié devra, d'ailleurs, attirer un nombre de voyageurs bien plus grand encore. Alors seulement l'habitant de Paris pourra jouir à loisir du grand air et des promenades si riches et si variées que la nature, l'art et la prévoyance du gouvernement et de la ville, ont placées dans un rayon de quelques kilomètres autour de Paris.

9. Un prix de faveur tout spécial sera fixé pour les ouvriers, afin que ceux qui demeurent aux extrémités de Paris ou hors Paris puissent venir facilement à leurs travaux dans le centre et sur tous les points de Paris, et retourner le soir à leur logement. On espère que le prix du parcours pour les ouvriers pourra être abaissé à 5 centimes.

4ᵉ RÉSULTAT. — *Perfectionnement du service de camionnage et de factage.*

10. Le service de roulage et de messagerie dans Paris, c'est-à-dire le camionnage et le factage, sont aujourd'hui, on peut le dire, dans un état d'imperfection approchant de la barbarie.

Les grandes lignes des chemins de fer apportent à Paris, en quelques heures, des points les plus éloignés de la France et de l'étranger, des articles de messagerie qui mettent autant et plus de temps pour parvenir de la gare chez le destinataire que pour parcourir la France tout entière. D'innombrables petits articles sont transportés surtout de Paris aux villes placées dans un rayon de 100 à 150 kilomètres, et réciproquement. L'activité et l'industrie des entreprises dont le centre est à Paris se sont étendues sur une surface de mille lieues carrées ; mais, pour favoriser complétement cette dilatation, cette expansion des forces industrielles du centre de la France, il faudrait que la rapidité des communications ne laissât rien à désirer. Or, un paquet parti de Beaugency, par exemple, à midi, arrive à Paris quatre heures après. Il devrait être distribué le jour même ; il ne l'est que le lendemain, parceque les distributions d'articles de messagerie faites par la Compagnie du chemin de fer d'Orléans (1) ne concordent pas avec l'arrivée du train qui a apporté ce paquet. Ainsi, le paquet qui aura mis quatre heures à se rendre de Beaugency à Paris (149 kilomètres) mettra *dix-huit* heures pour se rendre de la gare d'Orléans chez le destinataire.

---

(1) La compagnie d'Orléans fait trois distributions par jour : une le matin, par cinq voitures de factage, desservant chacune un quartier sur cinq dans Paris ; une à onze heures (une seule voiture pour tout Paris); une à trois heures (une seule voiture pour tout Paris). — Le service de onze heures du matin et celui de trois heures de l'après-midi durent une grande partie de la journée, puisqu'ils se font par une seule voiture de factage pour tout Paris.

Il est impossible d'éviter ces retards si l'on ne centralise pas, si l'on ne multiplie pas les services de factage ; et ils ne peuvent être centralisés et multipliés que par l'établissement d'un chemin de fer mettant en communication toutes les gares avec tous les points principaux de Paris, et par l'annexe d'un service fréquent et général de factage pour tous les autres points qui ne seraient pas desservis par le chemin de fer.

11. Les mêmes vices se font remarquer dans le roulage de Paris ou dans le camionnage. Chaque commissionnaire de roulage, presque chaque négociant ou commissionnaire en marchandises, est obligé d'avoir tout un système de camions, de chevaux, pour transporter, soit des chemins de fer à ses magasins, soit de ses magasins chez le destinataire, les nombreux articles de roulage qui alimentent Paris. Ces articles restent dans les gares de marchandises des chemins de fer des journées et quelquefois des semaines entières. Les compagnies sont obligées, faute de moyens fréquents de transport dans Paris, d'étendre leurs gares outre mesure et de former des magasins sans limites aux environs de leurs débarcadères.

La centralisation du roulage, à l'aide du chemin de fer souterrain et d'un service de camionnage attaché à chacune de ses gares, aura pour effet de hâter considérablement le transport par roulage dans Paris, et de le rendre plus économique, puisque, là où maintenant 100 à 150 entreprises sont obligées de diviser et de subdiviser les transports, et d'employer le plus souvent de forts camions à charroyer deux ou trois quintaux de marchandises, une organisation générale permettra de ménager et d'utiliser toutes les forces en frais généraux, en hommes, en voitures, en chevaux.

5. RÉSULTAT. — *Facilités à apporter dans le transport des articles de vente du commerce de détail et de demi-gros.*

12. Les mauvais effets de la division des forces et du travail se font encore plus sentir dans le transport des objets qui circulent dans Paris de maison à maison, et principalement de chez les marchands chez les particuliers. On peut compter presque autant de voitures et d'hommes employés au transport des articles de la vente de détail et de demi-gros qu'il y a de fabricants dans Paris et d'établissements quelque peu importants de vente de marchandises. — L'établissement de bureaux sur tous les points de Paris, et de voitures circulant sans cesse pour prendre chez les principaux marchands et porter chez les particuliers les articles vendus, et pour en rapporter le prix, permettra de réaliser une économie énorme dans ce service, et aussi de satisfaire, à chaque heure du jour, aux besoins des envois et des transports.

6ᵉ RÉSULTAT. — *Économie provenant du transport par le chemin de fer souterrain de Paris des voyageurs, des objets de camionnage et de factage, des
articles de commission dans Paris et de ceux du commerce de détail et de
demi-gros.*

13. Comme on le verra ci-après, titre IV, chapitres 3 et 4, nᵒˢ 105 et 107.
Le nombre des articles de factage qui se portent annuellement dans Paris, arrivant ou partant, est de **7,500,000**
Le nombre des articles de commission, ou du commerce
de détail ou de demi-gros (nᵒ 107), est aussi de **7,500,000**

Total des articles **15,000,000**

Les messageries faisant payer aujourd'hui pour les plus petits articles 35
cent., et les administrations des chemins de fer 30 cent., tandis que la Compagnie du chemin de fer souterrain ne demandera que 20 cent. (voir ci-après,
nᵒ 105), il s'ensuivra une diminution en moyenne de 0 fr. 12,5 sur chaque article, soit, pour 15 millions d'articles . . . . F. **1,875,000**
Les articles de roulage et de camionnage dont profitera le
chemin de fer souterrain étant supposés par an de 1,614,000
tonnes (voir ci-après, nᵒ 113), et le prix de la tonne par le camionnage ordinaire étant de 4 fr. 50 c. à 5 fr., par le camionnage des chemins de fer de 4 fr., tandis que la Compagnie du
chemin de fer souterrain ne demandera que 3 fr. (voir ci-après,
nᵒ 113), il s'ensuivra pour chaque tonne une différence, en
moyenne, de 1 fr. 50 cent., soit, pour 1,614,000 tonnes
(nombre rond) **2,421,000**

Total de l'économie annuelle sur les articles de factage
et de camionnage **4,296,000**

Le transport des voyageurs, en supposant que 60,000 voyageurs par jour pourront se faire transporter à leur destination,
sans correspondance (voir ci-après, nᵒˢ 90, 91, 132 et 145), et
qu'ils ne bénéficieront sur ce transport que de 5 cent. par
place, procurera une économie de **1,095,000**

Total de l'économie annuelle sur le factage, le camionnage, et le transport des voyageurs. **5,391,000**

7ᵉ et 8ᵉ RÉSULTATS. — *Perfectionnement du service des vidanges, et moyen de
recueillir et d'utiliser comme engrais les eaux ménagères. — Transport hors
Paris des ordures et boues provenant des maisons et des rues.*

14. Nous réunissons ces trois espèces d'améliorations dans un même article,

parcequ'elles ont entre elles une grande corrélation, surtout depuis que le rapport si remarquable sur les eaux de Paris fait par M. le préfet de la Seine à la commission municipale, et publié dans le *Moniteur* des 5, 6 et 7 décembre 1851, a réuni lui-même tout ce qui concerne la vidange, les égouts, les boues des rues, les boues ménagères et l'écoulement des eaux pluviales et des eaux domestiques, dans un même système d'amélioration ou dans un projet de canalisation complète souterraine de Paris.

M. le préfet suppose que le dessous des rues de Paris serait sillonné par de longues galeries souterraines, les unes principales, les autres secondaires, les autres de petite section, ces dernières aboutissant directement aux maisons qui bordent les rues :

« Chaque ligne d'égout principal serait pourvue d'une galerie de grande » section ayant un chemin de fer, au moyen de rails posés sur les angles » saillants des banquettes latérales, comme dans la galerie de la rue de Rivoli.

« Des galeries de moindre dimension, mais garnies également de rails, et » pouvant encore permettre la circulation facile des ouvriers et des wagons, » suivraient les lignes secondaires.

« Une galerie de petite section, assez large néanmoins pour le passage des » brouettes ou tinettes, envelopperait chaque îlot de maisons de tous les côtés » qui ne pourraient être desservis directement par une des galeries principales » ou secondaires.

« De deux en deux maisons, en face du mur mitoyen, s'ouvrirait une » courte galerie transversale mettant chacune de ces maisons en communica- » tion avec le petit égout de ceinture de l'îlot, ou directement avec l'égout » secondaire ou principal.

« Dans cette galerie transversale se déverseraient, selon le décret du 26 » mars 1852, les eaux domestiques ; on y ferait écouler les eaux épurées des » fosses. Par le même chemin, des tinettes ou des brouettes seraient appro- » chées de celles-ci et en recevraient les matières denses. » *Moniteur* du 7 » décembre 1851, p. 1351, 2ᵉ col.

« Aujourd'hui, à certaines heures, ajoute M. le préfet de la Seine, on dépose » les ordures et immondices des maisons sur la voie publique. Trop souvent » les pieds des chevaux et les roues des voitures les dispersent ; il faut les » balayer pour les remettre en tas et les charger sur des tombereaux. Afin de » mieux assurer la propreté et l'assainissement de la ville, ne pourrait on pas » ouvrir, dans les cours des maisons, des trémies par lesquelles toutes ces » saletés seraient descendues dans les galeries, où l'on recueillerait, pour le » transporter au loin, sans offenser la vue et l'odorat du public, ce que les » chasses d'eau ne suffiraient pas à enlever ? On ne rencontrerait plus alors ces » tombereaux sordides et infects qui s'arrêtent à chaque pas dans les rues, in- » terrompent la course des autres voitures, et répandent sur leur route les

» débris sans nom qu'ils contiennent et les émanations révoltantes qui s'en
» exhalent. » *Moniteur, eod.*

L'une des difficultés de cet admirable projet paraît être à M. le préfet l'épu-
ration même des eaux provenant des fosses d'aisance et la séparation des matières d'engrais qu'elles contiennent. Comme l'objet principal du Mémoire est
de trouver le moyen d'amener des eaux saines et abondantes à tous les étages
des maisons de Paris, il résulterait de l'exécution complète du projet que les
fosses d'aisances recevraient beaucoup d'eau, et que les vidanges seraient étendues au point de rendre beaucoup moins favorable, proportionnellement à la
quantité et au poids, leur transformation en engrais. « Le problème serait,
» d'après le Mémoire, bien simplifié, si l'on pouvait faire opérer cette transfor-
» mation dans les fosses mêmes, par des appareils ou filtres qui ne se borne-
» raient pas à séparer les liquides des matières denses, mais qui retiendraient
» avec celles-ci toutes les substances chargées de miasmes, tous les principes
» fertilisants, et ne verseraient dans l'égout qu'une eau désormais inoffensive et
» inutile. Le départ des résidus s'opérerait au moyen de tinettes amenées sou-
» terrainement par la communication ouverte entre la fosse et l'égout, placées,
» une fois remplies, dans des wagons spéciaux, et transportées sur des rails
» adhérents aux banquettes de la galerie, comme dans l'égout collecteur de la
» rue de Rivoli, jusqu'à l'extrémité de la ville, où elles seraient dirigées vers
» les fabriques d'engrais. »

Mais ce qui préoccupe principalement M. le préfet de la Seine, ce sont les
travaux, ce sont les dépenses qu'il faudra faire pour arriver à l'accomplissement
de son projet ; c'est le temps qui s'écoulera avant que les habitudes de la population parisienne, avant que les rues, les maisons, aient été ainsi transformées.

Or, l'exécution de notre réseau de chemins de fer souterrains diminuerait au
moins de moitié les travaux et les dépenses qu'aurait à faire la ville de Paris
pour accomplir le magnifique projet dont le plan a été présenté au conseil mu-
nicipal. On comprend sur-le-champ que toutes les galeries secondaires, auxquelles aboutiraient les galeries de petites sections, viendraient aboutir elles-
mêmes au réseau du chemin de fer souterrain; que les tinettes portant les matières extraites soit des eaux ménagères, soit des fosses d'aisances, et celles
faisant le service des boues des rues et des immondices des maisons, passeraient,
sans le moindre dérangement, de leurs wagons sur les wagons du chemin de
fer ; que le chemin de fer souterrain les transporterait immédiatement, soit au
dépotoir de La Villette, avec lequel il serait en communication au moyen d'une
voie à ciel ouvert, soit aux grandes gares des chemins de fer partant de Paris,
pour être répandues sur tous les points où il conviendrait à l'administration de
les faire conduire.

15. Et ce n'est pas seulement des dépenses d'établissement et de construc-

tion d'une voie de fer souterraine large et profonde de 25 à 30 kilomètres de longueur, et de l'achat et de l'entretien du matériel propre à cette voie principale, que la ville de Paris sera exonérée : elle aura à payer de moins, en outre, le service journalier du transport des matières de l'extrémité de chaque voie secondaire aux lieux d'arrivée, le chemin de fer souterrain devant se charger de ce transport pour une rétribution comparativement très modique. (Voir ci-après, n°° 116 et 124.)

16. Mais ce qui sera peut-être plus apprécié encore, c'est que, dès aujourd'hui, et sans attendre la réalisation du grand système exposé par M. le préfet de la Seine, le service des vidanges, celui des eaux ménagères et le service des boues dans Paris, pourra être considérablement perfectionné.

Les voitures des vidangeurs, en effet, au lieu d'avoir à transporter leurs lourds chargements dans toute la longueur de Paris et au loin dans la campagne, n'auront qu'à les déposer aux stations les plus proches du chemin de fer souterrain, d'où, par un service tout exprès de nuit, elles seront envoyées aux gares des chemins de fer aboutissant à Paris, et de là, pour un très faible prix, à de grandes distances.

Dans l'état actuel des choses, la partie liquide des vidanges est répandue en grande quantité sur la voie publique (voir ci-après n° 119 et suiv.), quoique dans cette partie liquide se trouve peut-être ce qu'il y a de plus précieux comme engrais. On la répand ainsi parceque les frais de transport absorberaient, et au delà, le bénéfice qu'on en pourrait tirer. Or, si le transport par voitures à chevaux était borné, comme nous le disions, à la distance entre chaque fosse et les principales gares du chemin de fer souterrain, les frais de ce transport, joints à ceux de transport sur le chemin de fer lui-même, n'étant plus assez considérables pour absorber la valeur de l'engrais liquide, on s'en servirait pour la culture, de même que de l'engrais solide. Jusqu'à ce que l'usage des eaux soit devenu général par la réalisation du grand système de M. le Préfet de la Seine, l'abondance des eaux inutiles dans les fosses ne dépassera certaines limites. On pourra donc encore enlever toutes les matières qu'elles contiennent, sans en infecter la voie publique, et utiliser les matières liquides comme les matières solides, au grand profit de l'agriculture.

17. Quant aux eaux ménagères, au lieu de les déverser sur la rue et de là dans les égouts, on pourrait, au moyen de certaines précautions pour éviter les émanations malfaisantes, les déverser dans les fosses d'aisances, et les utiliser aussi ensuite comme engrais.

18. Enfin l'on sait de quelle ressource sont encore pour l'agriculture es boues ménagères et celles des rues de Paris ; mais les frais de transport hors Paris empêchent, d'une part, que la ville en retire tout le profit qu'elle serait en droit d'en attendre (voir ci-après n° 114 et suiv., 116) ; d'autre part, que

les cultivateurs eux-mêmes puissent se les procurer, si ce n'est sur les points les plus rapprochés de Paris, à des prix abordables.

Le chemin de fer souterrain, sans attendre encore les améliorations au service des boues proposées par M. le Préfet, diminuera considérablement les frais de transport actuels, puisque, par des voitures disposées tout exprès, on pourra porter les boues de chaque rue ou de chaque quartier à la station la plus voisine, et placer ces voitures elles-mêmes sur les trucs de la voie souterraine.

19. Ainsi se trouvera résolu par le chemin de fer souterrain un des plus beaux problèmes de la science économique et agricole, celui de faire profiter aussi largement, aussi économiquement et aussi directement que possible, l'agriculture, de toutes les matières refaites et reproduites comme engrais par la consommation des grandes villes.

TITRE II. — Tracé de la voie de fer souterraine, Gares, Stations. — Indication des principales difficultés de construction. Moyen de les vaincre. — Appréciation des dépenses de construction de la voie et d'achat du matériel d'exploitation (1).

CHAPITRE Ier. — *Considérations générales. Considérations économiques d'établissement. — Mode de traction. — Machines fixes. Minimum de rayons des courbes. — Profil en travers du chemin.*

§ 1er. — CONSIDÉRATIONS GÉNÉRALES, DESSINS DES PLANS ET PROFILS.

20. Si l'on examine attentivement le relief du sol de Paris et le niveau de la voie publique, si l'on tient compte des reconstructions d'égouts et des déplacements de conduites (2) qu'occasionnera l'établissement du chemin de fer souterrain, des nécessités d'aérage et de ventilation (3), on comprendra qu'il faudra pour cet établissement de fortes dépenses. Le chiffre de ces dépenses peut être approximativement apprécié dès à présent; il n'est pas assez élevé pour

---

(1) Les premières indications sur la partie du mémoire relative aux travaux d'art ont été données par M. Lacordaire, inspecteur divisionnaire des ponts et chaussées en retraite; la rédaction du titre II tout entière a été faite d'après les études et les chiffres fournis par un ingénieur des ponts et chaussées attaché à la construction des chemins de fer.

(2 Dans les faux-frais des prix de maçonnerie et des voûtes (voir ci-après, n° 73) sont compris tous les travaux qui en dépendent, comme déplacements partiels et raccordements d'égouts, remaniements de conduites, etc.

(3) Les travaux relatifs à l'aérage et à l'éclairage de la voie sont compris dans la somme à valoir (voir ci-après, n° 81). Sans augmenter la dépense des machines fixes servant à la traction, on pourra, en outre, se servir de ces machines pour l'aérage des parties des souterrains qui en seront voisines.

qu'on ne doive pas espérer d'en couvrir l'intérêt et d'en opérer l'amortissement par les produits de l'exploitation. Il est possible d'indiquer dès à présent aussi quelles seront les principales difficultés de construction, et comment elles pourront être vaincues. Tel est, avec le tracé de la voie, l'objet du titre II du présent Mémoire.

21. Un plan et des profils sont joints à ce travail. Les tracés figurés sur le plan par des lignes rouges pleines sont ceux qui paraissent devoir être adoptés de préférence; les lignes rouges pointillées représentent des variantes étudiées sur la rive gauche de la Seine, et dont il sera ultérieurement question.

§ 2. — CONDITIONS ÉCONOMIQUES DE L'ÉTABLISSEMENT DU CHEMIN DE FER SOUTERRAIN.

22. Pour arriver au but proposé, le chemin de fer de l'intérieur de Paris doit remplir certaines conditions, et d'abord se rattacher *directement* aux grandes lignes venant des extrémités de la France, et former leur prolongement jusqu'au cœur de la capitale, bien différent en cela du projet présenté à la fin de 1855 par MM. Bramo et Flachat, projet qui consistait seulement à rattacher les halles centrales au chemin de fer de ceinture, qui n'établissait, par conséquent, que des communications indirectes avec les grandes lignes elles-mêmes, et qui, à l'exception des halles centrales, laissait la surface tout entière de Paris privée du bienfait du transport par voie ferrée.

23. Un service de voyageurs devant être installé sur le chemin de fer parisien, et des communications devant être établies entre les grandes gares des chemins de fer aboutissant à Paris et entre les gares et les stations du chemin de fer souterrain lui-même, il faudra, pour attirer la circulation, multiplier le nombre des trains en le portant au moins au chiffre de quatre par heure.

24. Pour faciliter et accélérer le passage des voitures de voyageurs et des wagons de marchandises, il sera nécessaire d'exclure les raccordements par plaques tournantes et d'admettre la largeur de voie normale de $1^m.50$. L'on devra, en outre, multiplier les gares, desservir les divers docks et entrepôts existant actuellement, si l'on veut que le transport des marchandises et des denrées prenne tout le développement dont il est susceptible, enfin relier par des embranchements les halles centrales et les marchés secondaires aux voies principales du chemin de fer souterrain.

§ 3. — MODE DE TRACTION. — MACHINES FIXES.

25. La traction peut s'effectuer soit au moyen de chevaux, soit avec des machines à vapeur fixes ou mobiles.

Nous ne nous arrêterons pas au premier système, qui serait fort dispendieux et en même temps incompatible avec le développement que la circulation doit prendre dans l'intérieur de Paris. Les trains de voyageurs auraient une vitesse très limitée et devraient être réduits à un petit nombre de wagons.

La traction au moyen de machines fixes présentera les avantages suivants sur l'emploi des locomotives :

1° On évitera toute chance de collision entre deux convois en marche ;

2° On n'aura pas à débarrasser les souterrains de la fumée des locomotives ;

3° On réduira la section transversale des souterrains aux dimensions strictement nécessaires pour la circulation des voitures et wagons des grandes lignes de chemins de fer, ce qui permettra de diminuer la hauteur des voûtes d'un mètre, excédant nécessaire pour le passage des cheminées des locomotives ;

4° On pourra, sans inconvénient sérieux, augmenter les déclivités du profil en long ; cela n'exigera qu'un accroissement correspondant dans la force des machines fixes.

26. Mais on ne devra employer sur les lignes principales que des courbes de 200 et de 100 mètres de rayon. Cette limite pourra être abaissée à 50 mètres auprès des stations ou sur les embranchements, et seulement quand il sera complétement impossible de faire autrement. Les trains seront d'ailleurs articulés, même lorsqu'il se rencontrera des courbes de 100 et de 200 mètres, pour éviter les frottements trop vifs ; ou l'on adoptera le système dit américain, consistant en longs wagons à deux trains et à huit roues, chaque train tournant sur un pivot placé à son centre.

27. La traction s'effectuera au moyen de câbles. On disposera les machines fixes de manière à ce qu'elles commandent des parties droites ou sensiblement droites du chemin de fer. Le mode de traction par câbles est préférable à l'emploi de la pression atmosphérique, ce dernier système nécessitant des dépenses considérables pour l'établissement des tubes. Il ne faudrait donc y avoir recours que s'il y avait impossibilité avérée de s'en dispenser.

L'augmentation de dépenses à laquelle donnerait lieu l'adoption du système atmosphérique peut être évaluée d'une manière approximative à près de 200,000 fr. par kilomètre pour la fourniture et la pose des tubes, en y comprenant les modifications à apporter aux machines fixes.

§ 4. — PROFIL EN TRAVERS DU CHEMIN. — NOMBRE DES VOIES. — QUAIS. — STATIONS.

28. Le chemin de fer sera établi au dessous des rues à une profondeur minimum de 6 à 7 mètres. Une hauteur de 1 mètre sera réservée entre l'extrados des voûtes et le niveau des chaussées. Les souterrains auront 4 mètres de hauteur ; leur largeur sera de 3ᵐ,50 pour une voie et de 7 mètres pour deux voies (1). Il y aura un radier maçonné dans les parties du parcours où l'on

---

(1) La Section définitive à donner aux souterrains résultera des dimensions qui seront adoptées pour le matériel roulant ; mais ils n'auront jamais plus de 3ᵐ.50 pour une voie. L'épaisseur des pieds-droits sera de 0ᵐ.50 à 1ᵐ.50.

craindra les infiltrations des eaux. Les travaux de fouille et de maçonnerie se feront, presque partout, à ciel ouvert.

Le chemin de fer aura généralement une largeur de deux voies. Les embranchements destinés à un service unique, soit de voyageurs, soit de marchandises, pourront être établis avec une voie unique. D'un autre côté, il faudra trois voies sur certaines parties qui serviront de tracé commun entre deux lignes principales.

Indépendamment des voies de circulation, il sera nécessaire d'établir de nombreuses voies de garage aux stations les plus importantes.

Il sera nécessaire également de construire des quais de largeur suffisante pour le service des voyageurs et celui des marchandises. Des escaliers conduiront aux stations.

2⁰. Les machines à vapeur serviront au levage des marchandises toutes les fois que cela sera possible. Dans les stations éloignées des machines fixes de traction, on aura recours à des machines hydrauliques spéciales.

3⁰. Pour les stations de voyageurs, il suffira d'approprier la partie inférieure des maisons qui devront être acquises.

Dans les gares de marchandises, des magasins seront établis à côté des quais de débarquement, et autant que possible sous la voie publique. Il faudra, de plus, au niveau du sol de la rue, un second quai pour le chargement des convois, et une cour pour le stationnement des voitures ainsi que des omnibus faisant la correspondance du chemin de fer.

Chapitre II. — *Classification des lignes du réseau par ordre d'exécution de travaux. — Description des diverses parties du tracé. Plan et profil de chaque ligne.*

§ 1ᵉʳ.— CLASSIFICATION DU RÉSEAU PAR LIGNES ET PAR ORDRE D'EXÉCUTION DES TRAVAUX.

31. Le réseau complet du chemin de fer parisien comprend les lignes suivantes :

1° Ligne des boulevards (de la Madeleine à la Bastille) ;

2° Ligne du chemin de fer de Rouen aux halles (par le boulevard des Italiens et la rue Montmartre) ;

3° Ligne du bassin de la Villette à la rue de Rivoli (par le boulevard de Strasbourg) ;

4° Ligne de Bercy à la place de la Concorde (par les rues de Lyon, Saint-Antoine et de Rivoli) ;

5° Ligne du chemin de fer de l'ouest aux halles ;

6° Ligne du chemin de fer d'Orléans à la ligne précédente.

32. Nous divisons ces lignes et leurs sections en trois catégories, d'après l'ordre dans lequel nous estimons que les travaux devront être exécutés.

1ʳᵉ Catégorie. — *Exécution immédiate.*

1° Ligne du boulevard (tout entière).

2° Ligne du chemin de fer de Rouen aux halles (tout entière).

3° Ligne de la Villette à la rue de Rivoli (1ʳᵉ section, comprise entre la Villette et les boulevards).

4° Ligne de Bercy à la place de la Concorde (1ʳᵉ section, de Bercy à la place de la Bastille).

2° Catégorie. — *Adoption immédiate des tracés, exécution ultérieure.* — (Le commencement des travaux est ici subordonné à l'ouverture de nouvelles voies de communication projetées par la ville de Paris.)

1° Ligne de la Villette à la rue de Rivoli (2° section, comprise entre les boulevards et la rue de Rivoli).

2° Ligne de Bercy à la place de la Concorde (2° et 3° sections, de la place de la Bastille à l'Hôtel-de-Ville, et de l'Hôtel-de-Ville à la place de la Concorde).

3° Catégorie. — *Adoption des tracés et exécution dépendant de l'ouverture de rues nouvelles projetées par la ville de Paris, ou qui lui sont proposées.* (Voir ci-après, n°ˢ 53, 64 et 65.)

1° Ligne du chemin de fer de l'Ouest aux Halles.

2° Ligne du chemin de fer d'Orléans à la ligne précédente.

§ 2. — TRACÉ DE LA LIGNE DES BOULEVARDS. — PLAN ET PROFIL. — MACHINES FIXES. GARES. — STATIONS.

33. Le tracé de cette ligne importante suit la direction des boulevards intérieurs de Paris, et se compose de *trois sections* distinctes.

La *première section* s'étend depuis la place de la Madeleine (cité Berryer) jusqu'à la rue de Richelieu; cette ligne serait prolongée, à une voie, par la rue des Champs-Elysées, jusqu'à la place de la Concorde. Le service des voyageurs pourrait s'effectuer au pavillon Peyronnet, près de l'entrée de l'avenue Gabriel.

La *deuxième section* commence à la rue de Richelieu et se termine au Château-d'Eau, près la rue du Temple. De ce point se dirige, par la rue de la Douane, l'embranchement de l'entrepôt des Marais, destiné spécialement aux marchandises. Le raccordement avec la ligne principale s'effectue dans les directions de la Madeleine et de la Bastille, au moyen de deux courbes distinctes.

La *troisième section* s'étend depuis le Château-d'Eau jusqu'à la place de la Bastille, où elle se raccorde avec d'autres lignes importantes dont il sera question plus loin.

34. Le tracé de la ligne du boulevard ne présente en plan aucune difficulté;

les alignements sont raccordés par des courbes ayant au moins 200 mètres de rayon. Cette limite a pu être réduite sans inconvénient à 100 mètres, et même 50 mètres, pour le raccordement des embranchements avec les voies principales. (Les trains sont articulés, voir n° 27.)

Le profil en long peut être établi dans les données les plus favorables. Le seul obstacle résulte de l'égout de décharge projeté sous le boulevart de Strasbourg prolongé. Cette galerie ne saurait être déviée ; et, si on ne pouvait réduire sa hauteur sous clef, il faudrait absolument abaisser de 5 mètres le niveau du chemin de fer souterrain pour passer en dessous de l'égout. L'abaissement s'obtiendrait au moyen de déclivités de 2 centimètres par mètre (0,02) sur 250 mètres de longueur.

55. La ligne principale sera établie à deux voies, les embranchements et prolongements à une seule voie, et la partie comprise entre les rues de la Chaussée-d'Antin et Montmartre devra avoir une troisième voie.

56. La traction serait opérée dans la première section par une machine établie à l'emplacement désigné par la lettre A sur le plan (cité Berryer).

L'emplacement des machines des deuxième et troisième sections est désigné par la lettre B (Château-d'Eau).

57. Trois grandes stations ou gares sont projetées sur cette ligne, comprenant bureaux et salles pour les voyageurs, voies de garage, magasins et dépôts pour les marchandises, avec cours et hangars pour le service de camionnage dans Paris. Leur emplacement est naturellement désigné aux points suivants : A, place de la Madeleine (cité Berryer); B, rue de la Douane, près le Château-d'Eau ; E, place de la Bastille.

Indépendamment de ces gares, il y aura sept stations à établir : place de la Concorde, rue de la Chaussée-d'Antin, passage de l'Opéra, rue Montmartre, rue Poissonnière, boulevard de Strasbourg et rue Ménilmontant (Cirque Napoléon).

§ 3. — LIGNE DU CHEMIN DE FER DE ROUEN AUX HALLES. — TRACÉ. — PLAN ET PROFIL. MACHINES FIXES. — GARES ET STATIONS.

38. Cette ligne forme *trois sections* :

La *première section* commence sur les voies de garage du chemin de fer de Rouen, vis-à-vis les Docks Napoléon, et se rattache directement à cet immense entrepôt. De ce point le tracé suit, en descendant, la rue de Londres jusqu'à la rue Saint-Lazare, et la rue de la Chaussée-d'Antin jusqu'au boulevard des Italiens. Cette partie doit être établie à deux voies.

La *deuxième section* est empruntée à la ligne du boulevard. Il y a tronc commun entre ces deux lignes depuis le point ci-dessus indiqué jusqu'à la rue Montmartre. Une troisième voie sera nécessaire dans toute l'étendue de cette section.

Le tracé de la *troisième section* commence à la rencontre du boulevard et de

la rue Montmartre, et suit cette dernière rue jusqu'à la pointe Saint-Eustache.
Dès que les expropriations projetées par la ville de Paris seront terminées, cette
ligne sera prolongée jusqu'à la rue de Rivoli, à la rencontre de la rue Saint-
Denis, en traversant les halles dans toute leur largeur. On obtiendra ainsi,
comme nous le verrons ci-après, une ligne continue de l'ouest à l'est de Paris,
jusqu'au chemin de fer de Lyon.

Enfin un court embranchement serait dirigé vers la cour des Messageries
impériales, emplacement très favorable pour un dépôt central de marchandises.

39. Le tracé de cette ligne présente en plan plusieurs difficultés. La première se trouve au carrefour des rues de Clichy et Saint-Lazare. Il faudra
nécessairement exproprier deux maisons, dont l'une a une grande valeur.
Quelle que soit l'indemnité à payer, il y aura possibilité de tirer parti de ces
maisons, dont la valeur ne serait pas amoindrie par le passage du chemin de
fer. D'ailleurs, elles sont fort gênantes pour la circulation, et il paraîtrait plus
équitable que l'achat en fût fait de concert avec la ville de Paris. Le sol serait
alors en partie réuni à la voie publique.

Une autre difficulté consiste dans le raccordement avec la ligne du boulevard.
Il faudra réduire les courbes à 50ᵐ de rayon ; mais l'inconvénient est peu sérieux, car ces courbes se trouveront auprès des stations.

La ligne du chemin de fer de Rouen aux Halles aura un profil très acci-
denté dans sa première partie. Une pente de deux centimètres par mètre
(0,02) est nécessaire pour descendre de la gare de Rouen à la rue Saint-
Lazare. Il y aura, en outre, une pente avec contre-pente pour passer sous l'égout
de la rue de la Victoire, dont le détournement présenterait des difficultés au
moins aussi grandes.

40. La traction doit être opérée dans la première section par une machine
établie à l'origine de la ligne ; dans l'étendue du tronc commun, par les machines de la ligne des boulevards ; enfin le service de la troisième partie sera fait
par une machine spéciale, située aux abords des Halles, et dont l'emplacement
définitif résultera des facilités plus ou moins grandes que pourra présenter l'ac-
quisition des terrains quand la ville aura terminé les expropriations projetées
dans ce quartier.

41. Les stations de cette ligne sont au nombre de sept, savoir : place de
l'Europe et rue Saint-Lazare, 2 stations communes avec la ligne des boulevards ;
puis à l'entrée de la rue Montmartre, au milieu de sa longueur ; et enfin la gare
à établir aux Halles. En ce dernier point, on devra avoir, en outre de la gare, des
voies transversales régnant dans toute l'étendue occupée par les pavillons des
Halles. Ces voies de service se rattacheront, au moyen de plaques tournantes, à
deux directions principales, faisant entre elles un angle droit, et que les trains
pourront aborder directement avec des courbes de 50 mètres de rayon.

En l'absence d'une étude de détail pour l'organisation de ce service, on ne peut, non plus, déterminer l'emplacement le plus convenable pour l'établissement des machines à vapeur qui opéreront la traction et le montage vertical des wagons.

§ 4. — LIGNE DE LA VILLETTE A LA RUE DE RIVOLI. — PLAN ET PROFIL EN LONG. MACHINES FIXES. — GARES ET STATIONS.

42. Cette ligne a son origine au bassin de la Villette, où elle se rattachera à un ensemble de voies posées au niveau du sol, sur les quais et dans les rues de ce grand centre industriel. En outre, il y a lieu d'espérer que la ville de Paris, si elle tarde long-temps à adopter le projet de circulation souterraine qui lui est proposé par M. le préfet de la Seine pour le service de ses eaux, de ses égouts et de ses vidanges (voir ci-dessus, nos 14 et suiv.), établira, dans un avenir peu éloigné, par des rails également à fleur de sol, une communication entre le chemin de fer et le dépotoir de la Villette, et utilisera ainsi le chemin de fer souterrain pour le services des vidanges, de même qu'elle pourra l'utiliser pour l'enlèvement des boues et immondices.

43. Le tracé de la *première section*, compris entre la Villette et le boulevard de Strasbourg, suit la rue Lafayette en souterrain, passe au dessus du chemin de fer de Strasbourg, s'infléchit au sud, et descend à un niveau inférieur de 5m00 à celui du boulevard de Strasbourg, devant la gare. Comme annexes de cette première section, il y a deux embranchements, dirigés, l'un vers la gare du chemin de fer du Nord, l'autre vers le chemin de fer de Strasbourg.

La *deuxième section* comprend toute la longueur déjà ouverte du boulevard de Strasbourg.

La partie comprise entre les boulevards et la rue de Rivoli forme la *troisième section* de cette ligne. Il y sera annexé un embranchement dirigé par la rue de la Cossonnerie vers les halles centrales, et prolongé jusqu'à la halle aux blés. L'exécution de cette troisième section est nécessairement subordonnée à l'ouverture du boulevard de Strasbourg.

44. Toutes les courbes de la ligne principale ont des rayons supérieurs à 100 mètres, à l'exception d'une seule courbe, l'entrée de la gare de la rue Lafayette. Il y a trois courbes à 50 mètres, pour les raccordements avec les lignes du boulevard, de la rue de Rivoli et de l'embranchement des Halles.

Le profil en long présente de faibles déclivités dans la longueur de la rue Lafayette. Il y a une pente de deux centimètres par mètre (0,02) pour descendre du pont sur le chemin de fer de Strasbourg. La rencontre de l'égout de ceinture, rue du Château-d'Eau, ne crée pas de nouvelles difficultés, parce qu'il est possible de le détourner par le grand égout du boulevard de Strasbourg.

45. La traction, pour toutes les sections de cette ligne, sera faite par une machine installée près de la rue Lafayette, dans les terrains voisins de la gare de Strasbourg. Cet emplacement est naturellement indiqué à la rencontre des deux directions qui forment la ligne. Quant au service de l'embranchement de la rue de la Cossonnerie, il rentre dans le système intérieur de l'exploitation des halles, qui est annexé à la ligne précédente (V. nᵒˢ 39 et 40).

46. Il y aura deux gares-stations, à la barrière d'Allemagne et rue Lafayette, près de l'embarcadère du chemin de fer de Strasbourg. Les autres stations seront établies aux emplacements suivants : passage du Désir, enclos de la Trinité et cour Batave. Nous citerons ici, seulement pour mémoire, les gares communes situées à la rencontre de cette ligne avec les lignes du boulevard et de la rue de Rivoli.

§ 5. — LIGNE DE BERCY A LA PLACE DE LA CONCORDE. — TRACÉ. — TRAVERSÉE DU CANAL SAINT-MARTIN. — PLAN ET PROFIL. — MACHINES FIXES. — GARES ET STATIONS.

47. Cette ligne se subdivise en *trois sections*.

La *première* a son origine à la barrière de Bercy, et de nombreuses voies, posées au niveau du sol, formeront son prolongement dans les rues et les cours de ce grand entrepôt. Nous proposons d'établir également au niveau du sol la partie de notre chemin de fer comprise entre la barrière de Bercy et le chemin de fer de Lyon. Il n'y aurait aucun inconvénient, puisque la circulation actuellement existant dans cette rue doit être détournée au profit du chemin de fer. A partir du boulevard Mazas, la ligne serait établie en souterrain et suivrait la rue de Lyon jusqu'à la place de la Bastille. Nous reviendrons plus loin sur les moyens de franchir le canal Saint-Martin.

La *deuxième section* s'étend de la place de la Bastille à la place de l'Hôtel-de-Ville, par la rue Saint-Antoine et la rue de Rivoli prolongée. Cette partie du tracé ne présentera aucune difficulté, du moment où les expropriations pour l'achèvement de la rue de Rivoli auront été terminées.

Enfin la *troisième section* s'étend de la place de l'Hôtel-de-Ville à la place de la Concorde, par la rue de Rivoli. Cette section ne pourra être exploitée convenablement si la deuxième section n'est pas terminée ; aussi proposons-nous d'ajourner les travaux jusqu'au moment où la ligne entière pourra être exécutée d'ensemble.

Nous ne rappellerons ici que pour mémoire les embranchements à désigner ultérieurement sur les quais de la Seine et du canal Saint-Martin.

Dans les deuxième et troisième sections, le chemin sera placé au nord de l'égout de la rue de Rivoli, afin de faciliter les raccordements avec les lignes du boulevard de Strasbourg et de la rue Montmartre.

48. Pour raccorder la première section de cette ligne avec le reste du réseau, il faut traverser la place de la Bastille, et par suite le canal Saint-Martin.

Si la ligne des boulevards existait seule, on pourrait hésiter sur la question du passage du canal en amont ou en aval de la place de la Bastille; mais la nécessité d'établir un raccordement avec la ligne de la rue Saint-Antoine ne permet pas de passer en amont. L'emplacement du passage se trouve donc forcément dans la partie méridionale de la place, car, de la Bastille si on déclinait encore plus vers le sud, on serait conduit à l'emploi de courbes de très petit rayon.

Le passage pourrait s'effectuer par dessus le canal; il faudrait en démolir la voûte et établir à 4 mètres au dessus du plan d'eau un tablier avec poutres en fer supportant les voies du chemin de fer. La hauteur libre de ce dernier doit être fixée à 4 mètres; nous compterons 2 mètres pour l'épaisseur des deux tabliers et de la chaussée empierrée de la place : c'est donc une hauteur totale de 10 mètres dont il faudrait disposer entre le niveau du canal et de la place. On n'y arriverait qu'en modifiant le nivellement de la place de la Bastille, ce qui semble sans inconvénient sérieux. Si l'autorisation nécessaire était refusée, il faudrait de toute nécessité abaisser le chemin de fer à l'est et à l'ouest aux approches de la place de la Bastille et passer en souterrain sous le radier du canal Saint-Martin. L'accroissement des dépenses serait considérable, mais il n'y aurait pas d'impossibilité matérielle.

49. Le plan de cette section présente une seule courbe de 100 mètres de rayon au chemin de fer de Lyon, et une autre courbe de 200 mètres sous la place de la Bastille. Toutes les autres courbes ont de plus grands rayons.

Il y a une pente de 2 centimètres par mètre sur l'embranchement dirigé vers la gare aux marchandises du chemin de fer de Lyon; les déclivités sont généralement faibles. Cependant, s'il devenait indispensable de passer sous le canal Saint-Martin, il faudrait accepter des deux côtés des pentes de l'inclinaison maximum de 0,02 par mètre sur 400 mètres de longueur.

La rencontre de la galerie d'égout projetée dans le nouveau boulevard de Strasbourg présentera une nouvelle difficulté. Il sera encore nécessaire, en ce point, d'admettre des pentes de 2 centimètres par mètre, afin de passer au-dessous de cette galerie.

50. La machine opérant la traction dans la première section doit être installée rue de Bercy, vis-à-vis la gare de Lyon; pour la deuxième et la troisième sections l'emplacement le plus convenable parait devoir être la station de la place de la Bastille; mais il serait peut-être possible, d'après les études ultérieures, de la transporter en tout autre point de la rue de Rivoli, près de l'Hôtel-de-Ville ou des Halles. C'est une question à juger dans les études de détail.

51. Les gares seraient au nombre de trois, savoir : rue de Bercy, place de la Bastille et rue Jean-Tison, près du Louvre. Des stations de voyageurs seraient en outre établies au point de départ barrière de Bercy, rue Moreau, rue Saint-Antoine, près la rue de Fourcy, place de l'Hôtel-de-Ville, rue Tirechape, rue du Dauphin et place de la Concorde.

§ 6. — LIGNE DU CHEMIN DE FER DE L'OUEST AUX HALLES. — TRACÉ. — NOUVEAU BOULEVARD
À OUVRIR. — PASSAGE DE LA SEINE ET DE L'ÉGOUT DE LA RUE DE RIVOLI. — PLAN ET
PROFIL. — MACHINES FIXES. — GARES ET STATIONS. — ANNEXE CONDUISANT
AU CHEMIN DE FER DE SCEAUX. — MENTION D'AUTRES ANNEXES.

52. Nous subdivisons cette ligne en *trois sections* : la *première section* com‑
mence au chemin de fer de l'Ouest et se termine à la place Sainte-Marguerite ;
la *deuxième section* s'étend de ce point aux Halles, en comprenant la traversée
de la Seine ; enfin le raccordement de cette ligne avec le chemin de fer de
Sceaux forme la *troisième section*.

Première section. — La gare du chemin de fer de l'Ouest est élevée de 10
à 12 mètres au dessus du sol environnant. Les machines à établir en ce point
serviront a enlever les wagons verticalement à une hauteur de 15 à 16 mètres ;
si on voulait franchir cette hauteur au moyen de rampes de 2 centimètres par
mètre , il faudrait un développement de 700 à 800 mètres , à construire à ciel
ouvert et au milieu de propriétés bâties. La dépense de construction serait très
élevée. L'autre système semble donc préférable. Les voyageurs monteront ou
descendront par un escalier; les wagons de marchandises seront transbordés
tout chargés d'une voie sur l'autre.

53. Le chemin de fer passe sous le boulevart Montparnasse et suit la rue de
Rennes jusqu'à la rue de Vaugirard. De ce point, on pourrait suivre les rues
du Regard, du Cherche-Midi et du Four-Saint-Germain, pour aboutir à la place
Sainte-Marguerite. Le tracé par ces détours multipliés serait défectueux , en‑
core bien que la ville de Paris effectue les élargissements projetés carrefour de
la Croix-Rouge et rue du Four. Il y aura lieu de demander à la ville d'aban‑
donner ou de modifier ce projet; il est très dispendieux , puisqu'il procède par
voie d'élargissement dans des rues complétement bâties, et qu'il ne donne pour
dernier résultat qu'une voie tortueuse entre la gare Montparnasse et le Pont-
Neuf. Au lieu de ce circuit, nous proposons l'ouverture d'une voie directe de‑
puis l'extrémité de la rue de Rennes jusqu'à la place Sainte-Marguerite. On
pourrait même obtenir une seule rue en ligne droite sur toute sa longueur, de‑
puis la gare de l'Ouest jusqu'au Pont-Neuf. Il suffirait pour cela de changer lé‑
gèrement la direction de la rue de Rennes, ce qui se ferait en même temps qu'on
en augmenterait la largeur, car cette grande voie de communication devrait
avoir au moins 30 mètres de largeur.

L'adoption de notre proposition présenterait les avantages suivants :

1° Elle éviterait les expropriations ou une partie des expropriations de la
rue du Four, fort coûteuses, notamment à l'angle de la rue Bonaparte et à la
Croix-Rouge;

2° Le boulevard proposé traverserait de vastes jardins et terrains non bâtis dont la valeur serait considérablement augmentée par les façades qu'ils acquerraient sur la voie publique, et dont l'expropriation n'exigerait pas de grands sacrifices ;

3° Enfin la place Saint-Sulpice, par un de ses angles, se trouverait ainsi sur le parcours même du boulevard.

51. *Deuxième section.* — Entre la place Sainte-Marguerite et le Pont-Neuf, il sera facile de modifier l'alignement de la rue projetée par la ville de Paris pour la faire coïncider avec celui de notre boulevard. Nous n'insisterons pas sur l'aspect monumental que présenterait cette large rue, au bout de laquelle on apercevrait du Pont-Neuf la gare du chemin de fer de l'Ouest.

52. La principale difficulté de cette section est le passage de la Seine. Sur toute la longueur de la Seine, à moins qu'on ne se porte en dehors du courant actuel de la circulation, il n'y a pas d'emplacement où l'on puisse concilier les exigences suivantes :

1° Passage sous les quais, sans en modifier le niveau, et en même temps passage à une hauteur convenable au-dessous du chenal navigable et des chemins de halage ;

2° Raccordement avec le passage en contrebas du grand égout si profond de la rue de Rivoli et avec l'ensemble du réseau sur les deux rives de la Seine.

Le passage de la Seine au moyen d'un pont devient donc impossible, et il faut que le chemin de fer soit établi *sous le lit* ou *au niveau du lit de la rivière.*

56. Le *passage sous le lit de la rivière* est praticable, car la Seine coule, dans l'intérieur de la ville de Paris, sur un banc très épais d'une argile compacte connue sous le nom d'argile plastique. En descendant à la cote 16^m00 au dessus du niveau de la mer, on serait sûr d'être séparé de la rivière par une couche d'argile ayant de 4 à 5 mètres d'épaisseur. Dans ces conditions, la possibilité de passer en souterrain est certaine, bien que les difficultés soient grandes.

Il y aurait un palier de 300 mètres sous la Seine et sous les quais, et deux rampes de 500 mètres de longueur avec 2 centimètres et demi par mètre d'inclinaison pour rejoindre le niveau normal du chemin.

Le point de départ serait, sur la rive gauche, à la place Sainte-Marguerite ; et l'arrivée serait, sur la rive droite, à la gare centrale des Halles.

57. Cette solution tranche en même temps une difficulté qui serait insoluble en cas de passage par un pont sur la Seine : nous voulons parler de l'égout de la rue de Rivoli, en dessous duquel passe notre tunnel dans la rampe qui conduit de la Seine aux Halles, le passage entre cet égout et le sol de la chaussée de la rue de Rivoli n'étant pas possible, à cause du peu de hauteur disponible.

58. Quant au *passage au niveau du lit de la Seine,* on l'établirait en construisant une voûte en maçonnerie de béton dans le lit de la rivière, suffisamment ap-

profondi. L'extrados serait à une profondeur, au dessous de l'étiage, assez grande
pour ne présenter aucun obstacle à la navigation. La dépense, pour l'exécution
de ces maçonneries à 5 et 6 mètres au dessous de l'étiage, n'atteindra probablement pas un chiffre moins élevé que celui du souterrain, car les difficultés
d'exécution paraissent devoir être à peu près égales de part et d'autre. Pour
obtenir sous l'eau des maçonneries parfaitement étanches et un tunnel entièrement à l'abri des infiltrations, il faudra probablement avoir recours à des moyens
extraordinaires, tels que tubes en tôle, cloches à plongeur, etc., ce qui doit faire
prévoir une grande dépense et des chiffres, on le répète, à peu près égaux à
ceux qui sont établis ci-après n° 81 pour le passage en souterrain à travers la
couche d'argile.

Mais le passage au niveau du lit de la Seine procurerait un véritable avantage par la diminution des pentes ; la pente serait surtout utilement diminuée
du côté de la rive gauche. Du côté de la rive droite, l'avantage serait moins considérable, à cause de l'égout de la rue de Rivoli, sous lequel il faudra toujours
passer ; cependant, même de ce côté, la diminution de pente serait sensible, et
elle n'empêcherait pas qu'en passant sous l'égout de la rue de Rivoli, l'on n'ar-
rivât encore aux halles sans que la pente fût rompue.

59. Le raccordement de la ligne du chemin de l'Ouest au . Halles avec la ligne de la rue de Rivoli ne pourrait s'effectuer directement, à cause de la différence de niveau ; il faudra donc que les trains poursuivent leur route jusqu'aux
Halles, pour rétrograder ensuite par les voies de raccordement. Cet inconvénient
se traduit par un retard de trois ou quatre minutes et un allongement de parcours de 200 à 500 mètres.

60. Le plan de cette ligne présente peu de courbes, et le rayon de 100 mètres
ne sera nécessaire que près de la gare Montparnasse.

Il y aura une pente de quinze millimètres par mètre (0,015) pour descendre
de la Chaussée du Maine à la place Saint-Sulpice. Nous avons vu, page précédente, qu'il y aurait deux déclivités de 25 millimètres par mètre aux abords du
tunnel de la Seine.

61. Une gare importante sera établie place Saint-Sulpice, et plusieurs stations rue de Vaugirard, rue Mazarine, à l'embranchement de la ligne d'Orléans
et rue de Rivoli.

62. *Troisième section ; Annexe du chemin de fer de Sceaux. — Projet d'autres annexes.* Le chemin de fer de Sceaux ne doit pas rester toujours dans l'isole-
ment ; il est facile de le relier à la ligne précédente au moyen d'un embranchement dirigé par les boulevards Montparnasse et d'Enfer. Il suffirait d'avoir une
voie posée sur les accotements de la chaussée et au niveau du terrain. Cette solution serait certainement la meilleure pour le moment; et elle n'empêcherait pas de
revenir plus tard, si cela paraissait nécessaire, à la construction d'un souterrain.

63. Nous citerons pour mémoire les embranchements à établir d'après le même système, et qui pourraient être dirigés sur Vaugirard et Grenelle.

§ 8. — LIGNE DU CHEMIN DE FER D'ORLÉANS A LA RENCONTRE DE LA LIGNE DE CHEMIN DE FER DE L'OUEST AUX HALLES, VERS LE CARREFOUR BUCI. — TRACÉ. - PLAN ET PROFIL EN LONGUEUR. — MACHINES FIXES. — GARES ET STATIONS.

64. Le tracé de cette ligne présente de très grandes difficultés dans l'état actuel des voies de communication sur la rive gauche de la Seine ; aussi la direction à suivre résultera-t-elle des élargissements ou percements nouveaux qui seront effectués.

Parmi les projets de rues nouvelles que forme l'administration de la ville, nous citerons en première ligne le boulevard de Strasbourg, prolongé jusqu'à la barrière d'Enfer, puis le boulevard Saint-Marcel, qui doit relier l'Observatoire au pont d'Austerlitz.

65. Il n'y a donc que deux directions possibles à suivre, l'une par les quais de la Seine, l'autre par les rues Geoffroy-Saint-Hilaire, Saint-Victor, des Ecoles, de l'Ecole-de-Médecine. Le premier tracé, très sinueux, se raccorde bien difficilement avec le souterrain de la Seine, à cause de la grande profondeur à laquelle ce dernier doit être établi. La seconde direction est également fort tourmentée ; mais elle traverse des quartiers populeux ; elle se rattache facilement à la Halle aux vins, et vient se raccorder à la cinquième ligne en un point éloigné de la rivière, et par conséquent à une profondeur peu considérable. C'est à ce tracé que nous croyons devoir accorder la préférence, bien qu'il nécessite d'assez grandes expropriations, surtout aux abords de l'Ecole de-Médecine ; mais ces démolitions serviraient également au prolongement encore indéterminé de la rue des Ecoles, et le concours de la ville de Paris serait assuré pour cette opération.

La voie passerait sous une des allées du Jardin des Plantes.

66. Le plan de la sixième ligne présente des courbes nombreuses, mais dont aucune n'a un rayon inférieur à 100 mètres.

Le profil en long présente, sur de faibles longueurs, deux pentes assez raides pour permettre de passer au dessus de la Bièvre, tout en restant au dessous des rues environnantes. Il conviendra également d'admettre une rampe avec contre-pente dans la rue des Ecoles : car on diminue les dépenses de construction en suivant les ondulations du terrain.

67. Deux machines seront nécessaires : la première, à la gare du chemin de fer d'Orléans ; la seconde, rue Saint-Victor, étendra son action presque jusqu'au point de rencontre de la cinquième ligne avec la sixième.

68. Une gare sera établie à l'angle des rues Geoffroy-Saint-Hilaire et Buffon. Des stations seront construites place de l'Hôpital, rue Saint-Victor et rue de la Harpe, sans compter la station située rue Mazarine, au point de raccordement avec la ligne allant du chemin de fer de l'Ouest aux Halles.

CHAPITRE III. — *Longueurs de souterrains à construire. — Gares et Stations. — Machines fixes.*

69. Le tableau suivant indique, dans tous leurs détails, les longueurs de souterrains à construire.

DÉSIGNATION des LIGNES ET SECTIONS.	VOIE UNIQUE. LONGUEUR		VOIE DOUBLE. LONGUEUR		VOIE TRIPLE. LONGUEUR		TOTAL. LONGUEUR	
	partielle.	totale.	partielle.	totale.	partielle.	totale.	partielle.	totale.
1re Ligne des Boulevards.								
1re section . . .	250		850		350		1,650	
2e section . . .	500		1,600		300		2,400	
3e section . . .	»		1,700		»		1,700	
	750	750	4,150	4,150	850	850	5,750	5,750
2e Ligne du chemin de fer de Rouen aux Halles.								
1re section . . .	»		1,400		»		1,400	
2e section . . .	»		»		»		»	
3e section . . .	100		850		750		1,700	
	100	100	2,250	2,250	750	750	3,100	3,100
3e Ligne de la Villette à la rue de Rivoli.								
1re section . . .	1,500		»		»		1,500	
2e section . . .	»		1,300		»		1,300	
3e section . . .	»		1,400		650		2,050	
	1,500	1,500	2,700	2,700	650	650	4,850	4,850
4e Ligne de Bercy à la place de la Concorde.								
1re section . . .	1,800		300		»		2,100	
2e section . . .	1,250		350		»		1,600	
3e section . . .	2,500		200		»		2,700	
	5,550	5,550	850	850	»	»	6,400	6,400
5e Ligne du chemin de fer de l'Ouest aux Halles.								
1re section . . .	»		1,600		300		1,900	
2e section . . .	1,000		»		300		1,300	
3e section . . .	1,500		200		»		1,700	
	2,500	2,500	1,800	1,800	600	600	4,900	4,900
6e Ligne du chemin de fer d'Orléans à la rencontre du chemin de l'Ouest aux Halles.								
Ligne entière .	»	»	2,700	2,700	600	600	3,300	3,300
TOTAL GÉNÉRAL .		10,400		14,450		3,450		28,300

70. Le nombre des gares communes avec le chemin de fer sera de. 6
Les autres gares ou stations de première classe seront au nombre de. 9
Celles de deuxième classe. 15
Celles de troisième classe 10

Total. 38

71. L'emplacement des machines et l'étendue de leur action se trouvent ainsi établs :

EMPLACEMENTS DES MACHINES.	DÉSIGNATION des LIGNES ET SECTIONS.	LONGUEURS DES TUBES D'ACTION	
		partielles.	totales.
Machine de la Madeleine, ...	1re ligne, 1re section. . .	1,650	1,650
Machine du Château-d'Eau . . .	1re ligne, { 2e section . .	2,400	4,100
	3e section . .	1,700	
Machine des docks Napoléon. . .	2e ligne, 1re section. . .	1,490	1,490
Machine des Halles.	2e ligne, 3e section. . .	1,700	
Id.	3e ligne annexe.	850	3,350
Id.	3e ligne annexe.	1,700	
Machine de la rue Lafayette . . .	3e ligne, { 1re section . .	1,500	4,500
	2e section . .	1,300	
	3e section . .	1,700	
Machine de la gare de Lyon . . .	4e ligne, 1re section (1).	2,100	2,100
Machine de la rue de Rivoli . . .	4e ligne, 2e, 3e sections.	4,300	4,300
Machine de la gare Montparnasse.	5e ligne, { 1re section . .	1,900	3,600
	3e section (2).	1,760	
Machine de la gare de l'Hôpital. .	6e ligne, 1re section. . .	1,300	1,300
Machine de la rue Saint-Victor. .	6e ligne, 2e section. . .	2,000	2,000
Longueur totale.			28,800

(1) Dans ces 2100 mètres, de Bercy à la place de la Bastille, se trouve comprise une voie au niveau du sol, de Bercy à la gare de Lyon (Voir n° 47). La machine étant placée en face de la gare de Lyon, son effet se trouvera donc divisé; peut-être même ne pourra-t-on pas l'appliquer à la partie de la voie posée au niveau du sol, qui serait, dès lors, desservie par des chevaux.

(2) Cette troisième section est aussi formée par une voie au niveau du sol; il est donc probable qu'on ne pourra pas lui appliquer l'effet de la machine fixe, et que le service ne pourra en être fait que par des chevaux.

CHAPITRE IV. — *Prix élémentaires. — Terrains. — Terrassements et maçonneries. — Rails et pose des rails. — Matériel fixe de traction et roulant. — Stations.*

§ 1er. — INDEMNITÉS DE TERRAINS.

72. Le prix du mètre superficiel de terrain , non compris les constructions, peut être fixé de la manière suivante, dans l'intérieur de Paris :

1re catégorie . . . . F.	1,000
2e catégorie	600
3e catégorie	300
4e catégorie	200
5e catégorie	100

Le prix des bâtiments et très variable : il doit être fixé dans chaque cas particulier d'après la nature des immeubles à exproprier.

Il en est de même des superficies nécessaires à l'installation du service des marchandises et des voyageurs, qui ne saurait être déterminé dès à présent.

§ 2. — TERRASSEMENTS ET MAÇONNERIES.

73. Dans les prix de maçonnerie et de voûtes sont compris tous les travaux qui en dépendent, comme déplacements partiels d'égouts, remaniment de conduites, etc.

Un mètre courant de souterrain , pour chemin de fer à une voie (voûte en plein cintre) . . . . F. 700

Un mètre courant de souterrain pour chemin du fer à une voie (voûte en arc de cercle) 680

Un mètre courant de souterrain pour chemin de fer à une voie (tablier en fer) 1,160

Un mètre courant de souterrain pour chemin de fer à deux voies (voûte en plein cintre) 980

Un mètre courant de souterrain pour chemin de fer à deux voies (voûte en arc de cercle). 1,340

Un mètre courant de souterrain pour chemin de fer à deux voies (tablier en fer). 2,030

Un mètre courant de souterrain pour chemin de fer à trois voies, ci. 1,780

Un mètre courant de souterrain pour une voie de garage avec quai (élargissement du souterrain dont les prix sont portés plus haut). 1,120

Un mètre courant de souterrain à simple voie sous le canal Saint-Martin (voûte en plein cintre) 2,200

Un mètre courant de souterrain à simple voie sous la Seine (voûte en plein cintre). . . . . .F.   2,300

Un mètre courant de chemin de fer à simple voie à poser au niveau du sol, terrassement, remaniment du pavage (non compris la voie).   30

§ 3. — RAILS ET POSE DES RAILS.

74. Un mètre courant de voie simple.   42
Un mètre courant de voie double.   80
Un mètre courant de voie triple.   118

§ 4. — MATÉRIEL FIXE DE TRACTION ET ROULANT.

75. Plaques tournantes, changements de voies, presses hydrauliques, assainissement du ballast; le mètre courant   10

Matériel de traction (non compris les machines), acquisitions et pose de câbles de traction ou des tubes dans le cas de l'adoption de système atmosphérique. Tubes, pose, etc., le mètre courant . .   200

Matériel roulant. Il paraît nécessaire de prendre un chiffre élevé, à cause de l'importance du trafic qui se développera sur le chemin souterrain. Nous admettons   40

Machines fixes. La force totale qui paraît nécessaire pour les différentes machines fixes qui opéreront la traction peut être évaluée en moyenne à 2,200 chevaux, soit donc 0,08 par mètre courant. Et, si nous fixons à 1,200 fr. le prix du cheval, installation comprise, on obtient pour cet article, et par mètre courant   100

Tout le matériel, fixe et roulant — somme des quatre articles précédents   350

§ 5. — STATIONS (1).

76. Stations de première classe ou gares. — Nous évaluons les dépenses nécessaires pour tous les travaux d'installation, d'appropriation du local, des magasins et des cours adjacentes, — pour chacune de ces gares à   50,000

Stations communes avec les grandes lignes des chemins de fer. — Les dépenses seront les mêmes que ci-dessus par suite du remaniment nécessaire pour l'organisation du service   50,000

Stations de deuxième classe. — Dépenses indiquées ci-dessus.   35,000
Stations de troisième classe. — Dépenses indiquées ci-dessus.   20,000

---

(1) Les évaluations ne comprennent pas les indemnités de terrains; Voir, pour ces indemnités, ci-dessus, n° 72, et ci-après, n° 86.

Chapitre V. — *Dépenses de construction et d'achat de matériel (non compris les indemnités de terrain, voir n°ˢ 72 et 86). Stations. — Dépenses par ligne. — Récapitulation. — Classification des dépenses par ordre d'exécution des lignes.*

§ 1ᵉʳ. — LIGNES. — TERRASSEMENTS ET MAÇONNERIE. — VOIE ET GARAGE. MATÉRIEL FIXE ET ROULANT.

INDICATION DES OUVRAGES.	QUANTITÉS de MÈTRES COURANTS.	PRIX du MÈTRE COURANT.	DÉPENSES		
			PAR ARTICLE.	PAR CHAPITRE.	PAR LIGNE.
77. 1ʳᵉ ligne, de la Madeleine à la Bastille et embranchement, 5,750 mètres.					
TERRASSEMENTS ET MAÇONNERIES :					
Longueur de voie simple.	750	700	525,000		
Id. double.	4,150	980	4,067,000		
Id. triple	850	1,780	1,513,000		
Longueur de garage.	500	1,120	560,000		
Total pour les terrassements et maçonneries.			6,665,000	6,665,000	
VOIES :					
Voie simple, y compris les garages.	750	42	31,500		
Id. double id.	4,150	80	332,000		
Id. triple id.	850	118	100,300		
Total pour la voie			463,800	463,800	
Matériel fixe et roulant, machines fixes, etc.	5,750	350	2,012,500	2,012,500	
Total de la 1ʳᵉ ligne.			9,141,800		9,141,800
78. 2ᵉ ligne, du chemin de fer de Rouen aux Halles, 3,100 mètres.					
TERRASSEMENTS ET MAÇONNERIES :					
Longueur de voie simple.	100	700	70,000		
Id. de voie double (voûte en arc de cercle).	2,000	1,340	2,680,000		
Id. de voie double (tablier en fer).	250	2,050	512,500		
Id. de voie triple	750	1,780	1,335,000		
Voie de garage.	300	1,120	336,000		
Total.			4,933,500	4,933,500	
A reporter.			4,933,500		9,141,800

INDICATION DES OUVRAGES.	QUANTITÉS du MÈTRE COURANT.	PRIX du MÈTRE COURANT.	DÉPENSES		
			PAR ARTICLE.	PAR CHAPITRE.	PAR LIGNE.
Report.				4,933,500	9,141,300
VOIES :					
Voie simple, y compris le garage .	100	42	4,200		
Id. double id.	2,250	80	180,000		
Id. triple. id.	750	118	88,500		
Total.			272,700	272,700	
Matériel fixe et roulant, machines fixes, etc.	3,100	350	1,085,000	1,085,000	
Total de la 2ᵉ ligne.				6,291,200	6,291,200

79. 3ᵉ *ligne , de la Villette à la rue de Rivoli et embranchements,* 4,850 mètres.

INDICATION DES OUVRAGES.	QUANTITÉS du MÈTRE COURANT.	PRIX du MÈTRE COURANT.	DÉPENSES		
			PAR ARTICLE.	PAR CHAPITRE.	PAR LIGNE.
TERRASSEMENTS ET MAÇONNERIES :					
Longueur de voie simple.	1,200	700	840,000		
Id. id. à ciel ouvert.	300	30	9,000		
Id. de voie double.	2,200	980	2,156,000		
Id. id. (tablier en fer).	500	2,050	1,025,000		
Id. de voie triple	650	1,780	1,157,000		
Voie de garage	480	1,120	537,600		
Total.			5,724,600	5,724,600	
VOIES Y COMPRIS LE GARAGE :					
Voie simple	1,500	42	63,000		
Id. double	2,700	80	216,000		
Id. triple.	650	118	76,700		
Total.			355,700	355,700	
Matériel fixe et roulant, machines fixes, etc.	4,850	350	1,697,500	1,697,500	
Total de la 3ᵉ ligne				7,777,800	7,777,800
A reporter.					23,210,300

INDICATION DES OUVRAGES.	QUANTITÉS de MÈTRES-COURANTS.	PRIX du MÈTRE-COURANT.	DÉPENSES		
			PAR ARTICLE.	PAR CHAPITRE.	PAR LIGNE.
Report.					23,210,300

80. 4ᵉ ligne, de Bercy à la place de la Concorde et annexes, 6,400 mètres.

TERRASSEMENTS ET MAÇONNERIES :					
Voie simple à ciel ouvert	750	30	22,500		
Id. souterrain	3,350	980	3,283,000		
Id. (avec tablier en fer)	650	1,160	754,000		
Id. sous le canal S.-Martin	800	2,200	1,760,000		
Voie double	850	2,050	1,742,500		
Voie de garage	600	1,120	672,000		
Total.			8,234,000	8,234,000	
VOIES :					
Voie simple, y compris le garage	5,350	42	233,100		
Id. double	850	80	68,000		
Id. triple	»	118	»		
Total.			301,100	301,100	
Matériel fixe et roulant, machines fixes, etc.	6,400	350	2,240,000	2,240,000	
Total de la 4ᵉ ligne.				10,775,100	10,775,100

81. 5ᵉ ligne, du chemin de fer de l'Ouest aux Halles et annexe du chemin de fer de Sceaux, 4,900 mètres.

TERRASSEMENTS ET MAÇONNERIES :					
Voie simple	200	700	140,000		
Id. à ciel ouvert	1,300	30	39,000		
Id. sous la Seine	1,000	2,500	2,500,000		
Voie double	800	980	784,000		
Id. (en souterrain)	1,000	2,200	2,200,000		
Voie triple	600	1,780	1,068,000		
Id. de garage	500	1,120	560,000		
Total.			7,091,000	7,091,000	
À reporter.				7,091,000	33,985,400

INDICATION DES OUVRAGES.	QUANTITÉS du mètre courant.	PRIX du mètre courant.	DÉPENSES		
			PAR ARTICLE.	PAR CHAPITRE.	PAR LIGNE.
Reports				7,091,000	33,985,400
VOIES Y COMPRIS LE GARAGE :					
Voie simple	2,500	42	105,000		
Id. double	1,800	80	144,000		
Id. triple.	600	118	70,800		
Total.			319,800	319,800	
Matériel fixe et roulant, machines fixes, etc.	4,900	350	1,715,000	1,715,000	
Total de la 5e ligne.				9,125,800	9,125,800

82. 6e ligne, du chemin de fer d'Orléans à la rencontre de la ligne du chemin de fer de l'Ouest aux Halles, vers le carrefour Buci, 3,300 mètres.

INDICATION DES OUVRAGES.	QUANTITÉS du mètre courant.	PRIX du mètre courant.	DÉPENSES		
			PAR ARTICLE.	PAR CHAPITRE.	PAR LIGNE.
TERRASSEMENTS ET MAÇONNERIES :					
Voie simple	2,310	700	1,610,000		
Id. (avec tablier en fer) .	400	1,160	464,000		
Voie double	600	980	588,000		
Voie de garage	300	1,120	336,000		
Total.			2,998,000	2,998,000	
VOIES Y COMPRIS LE GARAGE :					
Voie double	2,700	42	113,400		
Id. triple.	600	80	48,000		
Total.			161,400	161,400	
Matériel fixe et roulant, machi.. fixes, etc.	3,300	350	1,155,000	1,155,000	
Total par ligne.				4,314,400	4,314,400
TOTAL GÉNÉRAL.					47,425,600

§ 2. — STATIONS.

83. L'établissement des stations coûtera [non compris les indemnités de terrain (voir n°ˢ 72 et 86)] :

1ʳᵉ Ligne.	3 stations de 1ʳᵉ classe, à.	50,000	150,000	
	3 stations de tête de ligne, à . .	50,000	»	
	3 stations de 2ᵉ classe, à.	35,000	105,000	
	4 stations de 3ᵉ classe, à.	20,000	80,000	
	Total pour la 1ʳᵉ ligne.		335,000	335,000
2ᵉ Ligne.	1 station de 1ʳᵉ classe, à.	50,000	50,000	
	1 station de tête, à.	50,000	50,000	
	2 stations de 2ᵉ classe, à. . . .	35,000	70,000	
	1 station de 3ᵉ classe, à	20,000	20,000	
	Total pour la 2ᵉ ligne		190,000	190,000
3ᵉ Ligne.	1 station de 1ʳᵉ classe, à. . . .	50,000	50,000	
	2 stations de tête, à.	50,000	100,000	
	2 stations de 2ᵉ classe, à. . . .	35,000	70,000	
	1 station de 3ᵉ classe, à	20,000	20,000	
	Total pour la 3ᵉ ligne		210,000	210,000
4ᵉ Ligne.	2 stations de 1ʳᵉ classe, à. . . .	50,000	100,000	
	1 station de tête, à.	50,000	50,000	
	2 stations de 2ᵉ classe, à. . . .	35,000	70,000	
	2 stations de 3ᵉ classe, à. . . .	20,000	40,000	
	Total pour la 4ᵉ ligne.		260,000	260,000
5ᵉ Ligne.	1 station de 1ʳᵉ classe, à. . . .	50,000	50,000	
	1 station de tête, à.	50,000	50,000	
	2 stations de 2ᵉ classe, à. . . .	35,000	70,000	
	1 station de 3ᵉ classe, à. . . .	20,000	20,000	
	Total de la 5ᵉ ligne		190,000	190,000
6ᵉ Ligne.	1 station de 1ʳᵉ classe, à. . . .	50,000	50,000	
	1 station de tête, à.	50,000	50,000	
	1 station de 2ᵉ classe, à. . . .	35,000	35,000	
	2 stations de 3ᵉ classe, à. . . .	20,000	40,000	
	Total de la 6ᵉ ligne.		175,000	175,000
	Total général			1,390,000

§ 3. — RÉCAPITULATION GÉNÉRALE DES DÉPENSES. — SOMME A VALOIR POUR DÉPENSES IMPRÉVUES. — RÉPARTITION DE LA DÉPENSE PAR LIGNE (NON COMPRIS LES INDEMNITÉS DE TERRAINS).

84. Les dépenses de construction, d'achat du matériel et d'établissement de stations et des ateliers nécessaires à l'exploitation, non compris les indemnités de terrains (voir n°⁵ 72 et 86), se répartiront ainsi :

DÉSIGNATION des CHIFFRES.	1re LIGNE.	2e LIGNE.	3e LIGNE.	4e LIGNE.	5e LIGNE.	6e LIGNE.	TOTAL le réseau.
Terrassements et maçonneries	6,665,000	4,933,500	3,721,000	8,231,000	7,091,600	2,998,000	33,646,100
Voies, etc.	463,800	272,700	355,700	301,100	319,800	161,400	1,876,500
Matériel, etc.	2,012,500	1,063,000	1,697,500	2,240,000	1,715,000	1,135,000	9,905,000
Stations	335,000	190,000	240,000	230,000	190,000	175,000	1,390,000
TOTAL	9,476,300	6,451,300	8,017,800	11,035,100	9,313,800	4,589,400	48,845,000
Somme à valoir pour dépenses imprévues.	923,700	618,800	782,900	1,064,900	884,300	410,000	4,684,600
TOTAL GÉNÉRAL .	10,400,000	7,100,000	8,800,000	12,100,000	10,200,000	4,500,000	53,500,000
Établissements à créer, ateliers pour la réparation du matériel, remises, etc.							500,000
Dépense totale, non compris les indemnités de terrain, mais y compris la somme à valoir.							54,000,000

§ 4. — CLASSIFICATION DES DÉPENSES PAR ORDRE D'EXÉCUTION.

85. Les *cinquante-quatre millions* de dépense du tableau précédent peuvent se classer ainsi, quant à l'ordre d'exécution des travaux :

	DÉPENSES	
1re CATÉGORIE. — *Lignes et sections qui peuvent être entreprises immédiatement :*	par ligne.	par catégorie.
Ateliers : . . . . F.	500,000	
1re Ligne (des boulevards)	10,400,000	
2e Ligne (du chemin de fer de Rouen aux Halles).	7,100,000	
3e Ligne (de la Villette à la rue Rivoli), 1re et 2e sections.	5,500,000	
4e Ligne (de Bercy à la place de la Concorde), 1re section	5,500,000	
Total.	29,000,000	29,000,000
A reporter		29,000,000

2ᵉ Catégorie. — *Lignes et sections dont les tracés sont fixés définitivement, mais dont l'exécution est subordonnée à l'ouverture de rues nouvelles.*

	DÉPENSES par ligne.	DÉPENSES par catégorie.
Report . . . . F.		29,000,000
3ᵉ Ligne (3ᵉ section).	3,300,000	
4ᵉ Ligne (2ᵉ et 3ᵉ sections).	6,600,000	
Total.	* 9,900,000	9,900,000

3ᵉ Catégorie. — *Lignes et sections dont les tracés ne sont fixés que provisoirement, leur exécution dépendant de l'ouverture de rues nouvelles, non encore décrétée ou acceptée.*

5ᵉ Ligne (du chemin de fer de l'Ouest aux Halles). . . . . F.	10,200,000	
6ᵉ Ligne (du chemin de fer d'Orléans à la ligne de l'Ouest aux Halles)	4,900,000	
Total.	15.000,000	15,100,000
Total général. . . . . F.		54,000,000

Chapitre VI. — *Dépenses d'indemnités de terrains.*

86. Les dépenses d'indemnités de terrains ne peuvent être comprises dans une évaluation régulière. Pour l'exécution du réseau, il faudra des expropriations considérables, dont une partie est déjà acceptée par la ville de Paris, le prolongement du boulevard de Strasbourg et de la rue de Rivoli, ainsi que le dégagement des Halles.

Nous indiquons par aperçu les chiffres suivants de dépenses à faire pour les nouvelles expropriations.

Dépenses à la charge de la ville, sur la rive droite de la Seine. . . . . F.	5,000,000	
Sur la rive gauche, rue des Écoles et boulevard du Chemin de fer de l'Ouest	10,000,000	
Total.	15,000,000	15,000,000
A la charge de la Compagnie, expropriations pour l'établissement du chemin (rive droite et rive gauche).	2,000,000	
Terrains à acquérir pour l'emplacement des gares et machines (moins-value) . . .	3,000,000	
Total.	5,000,000	5,000,000
Dépense totale à faire pour les expropriations, tant à la charge de la ville qu'à la charge de la Compagnie . . . F.		20,000,000

Chapitre VII. — *Dépense définitive de l'établissement du réseau de chemins de fer souterrains.*

87. La dépense totale de l'établissement du réseau de chemins de fer souterrains de Paris montera en définitive :

1° Dépenses de construction et d'établissement autres que celles d'indemnités de terrain (voir ci-dessus, n° 84). . . F. 51,000,000

2° Dépenses d'indemnités de terrain (voir n°ˢ 72 et 85). . 5,000,000

3° Intérêts de 50,000,000 fr., moitié environ de la somme totale nécessaire pour l'établissement du chemin, à 4 p. 100, pendant trois ans, les travaux étant présumés devoir rester pendant ce temps improductifs. 3,600,000

4° Personnel, conduite et surveillance des travaux ; direction générale pendant la durée de ces travaux ; remboursement des frais d'étude et d'organisation 1,400,000

Total. . . . . .F. 61,000,000

Titre III. — Produits de la voie ferrée souterraine.

88. Les produits de la voie ferrée souterraine seront fournis par les voyageurs, par les bagages des voyageurs, par les articles de messageries ou de factage, par les articles de commission dans Paris, par le camionnage, par le transport des vidanges, des eaux ménagères et des boues de Paris.

Chapitre Iᵉʳ — *Voyageurs qui pourront être acquis à la voie ferrée souterraine.*

§ 1ᵉʳ. — VOYAGEURS PROVENANT DE LA CIRCULATION ORDINAIRE DANS PARIS.

89. Les voitures de transport en commun, dites *voitures-omnibus*, qui circulent dans Paris ont, en 1853, transporté journellement 80,787 voyageurs (1).

Cependant, dans ce nombre sont compris les voyageurs qui passent d'une voiture à une autre avec cachets de correspondance ; ces voyageurs paraissent

---

(1) Voici comment ce nombre de 80,787 voyageurs a été établi :

En 1853, il existait 11 entreprises de voitures en commun : les *Omnibus*, ayant 12 lignes ; les *Parisiennes*, ayant 3 lignes ; les *Hirondelles*, ayant 2 lignes ; les *Favorites*, ayant 4 lignes ; les *Dames-Réunies*, ayant 2 lignes ; les *Citadines*, ayant 2 lignes ; les *Batignollaises*, les *Gazelles*, les *Béarnaises*, les *Tricycles* et les *Constantines*, ayant chacune 1 ligne ; en tout, 11 entreprises et 30 lignes.

Les départs, aller et retour, sur ces 30 lignes étaient de 4,811 par jour. Le nombre des voyageurs de chaque voiture étant fixé à 17, le total montait à 81,787 voyageurs par jour.

former le quart du nombre total : car, dans les calculs faits et dans les renseignements donnés jusqu'à ce jour, on n'a porté qu'à 60,000 environ (1) le nombre des voyageurs payant place, transportés par les voitures en commun dans Paris.

90. Le chemin de fer souterrain paraîtrait de voir prendre, d'après l'état de circulation de 1855, et d'après les rapports qui existeraient entre ses parcours et les parcours des lignes d'omnibus, environ 30,000 voyageurs dans la catégorie des voyageurs d'omnibus (2).

Mais, comme l'abaissement du prix double, triple même le mouvement de la circulation ; comme déjà la diminution du prix des places d'omnibus sur l'impériale de ces voitures a augmenté de moitié au moins le nombre des voyageurs des omnibus pourvus d'impériales ; comme la comparaison entre le mouvement des omnibus de Londres et celui des omnibus de Paris fait présager des progrès énormes dans la circulation de Paris, les omnibus de Londres transportant 900,000 voyageurs par jour (3), alors que ceux de Paris n'en transportent que 60,000, on ne tient aucun compte de la diminution qui résulterait de ce qu'une partie des voyageurs sont de correspondance ; et même, vu l'abaissement du prix de transport à 15 centimes pour les premières places, et à 10 centimes pour les secondes (voir ci-après, n° 91), on double le nombre de 30,000 voyageurs par jour, adopté, et on le porte à 60,000.

91. Les prix des places, sur la voie souterraine, seraient, en effet, ainsi fixés : Places de 1re classe, à 15 centimes ; places de 2e classe, à 10 centimes. Il y a tout lieu de croire qu'en payant 10 ou 5 centimes de plus (Voir, ci-après, n° 153, 154), les voyageurs auraient droit à la correspondance des voitures de la Compagnie des omnibus (4), qui les conduiraient des stations du chemin de fer

---

(1) On lit dans le *Moniteur* du 18 novembre, p. 3280, 1re colonne :

« Il a été constaté que les omnibus parcourent, en moyenne, 16 lieues par jour ; ils transportent chacun 150 voyageurs par jour. Le nombre de ces omnibus étant de 500, il en résulte que le mouvement d'ensemble, dans une journée, est de 60,000 personnes ; dans un mois, il est de 1,800,000, et, pour toute l'année, de 21,600,000 voyageurs.

» A Londres, il existe 3000 omnibus, qui parcourent, en moyenne, 24 kilomètres par jour ; ils transportent chacun 300 voyageurs par jour, ou ensemble 900,000. »

2 Pour fixer ce chiffre de 30,000 voyageurs à prendre par le chemin de fer dans la catégorie des voyageurs d'omnibus, on a supposé que, dans certaines directions, celles où le chemin de fer suit en entier les lignes d'omnibus existantes, il prendra la moitié des voyageurs d'omnibus ; que, dans les directions où il ne suit que les deux tiers environ du parcours des lignes d'omnibus, il ne prendra que le tiers des voyageurs ; que, sur les parcours où il ne suit que la moitié du parcours des lignes d'omnibus, il n'en prendra que le quart. Sur les 30 lignes, 6 ont été présumées ne devoir fournir aucun voyageur au chemin de fer souterrain.

(3) Voir la note 1 ci-dessus.

(4) Un traité a été conclu entre la ville de Paris et la Compagnie générale des omnibus, par lequel la ville de Paris accorde à la Compagnie générale des omnibus de Paris le droit exclusif de faire stationner et circuler *sur la voie publique*, pendant trente années, les voitures employées au transport en commun des voyageurs dans Paris.

souterrain sur tous les autres points de Paris. La préférence serait donnée, dans les voitures de correspondance, aux voyageurs de 1re classe. On peut donc compter sur un quart de voyageurs de 1re classe (1) : ainsi, des 60,000 voya-

---

Il est peut-être à regretter que la ville de Paris ait ainsi aliéné le service du transport des personnes sur la voie publique. Cependant, par le traité, la Compagnie est obligée d'adopter tous les modes de transport qui seraient jugés meilleurs pendant le cours de son traité.

La Compagnie du chemin de fer souterrain sera empêchée, par la concession faite à la Compagnie des omnibus, d'établir, à la sortie de ses gares, un service pour transporter les voyageurs de ces gares sur tous les autres points et aux extrémités de Paris; mais elle obtiendra nécessairement pour ce service le concours de la Compagnie générale des omnibus elle-même.

Ce concours devra lui être assuré, d'abord parceque la correspondance des omnibus avec le chemin de fer souterrain offrira un mode de transport plus avantageux et plus économique, et que la ville de Paris usera de son droit de forcer la Compagnie des omnibus à établir la correspondance; ensuite parceque la correspondance des omnibus avec le chemin de fer procurera aux omnibus un très grand nombre de voyageurs et augmentera sans aucun doute les produits de cette entreprise.

En outre, les bureaux que la Compagnie du chemin de fer échelonnera sur tous les points de Paris pour les divers services de voyageurs, de messagerie et de camionnage, pourront servir également de bureaux aux omnibus (Voir ci-après, nos 112 et suiv.).

Quelque fâcheuse donc que puisse paraître la concession privilégiée faite à la Compagnie générale des omnibus du *dessus* de la voie publique pour le transport des voyageurs dans Paris, elle ne nuira pas au développement des services du chemin de fer souterrain; elle pourra, au contraire, lui devenir favorable; et il y a lieu d'espérer que, les deux Compagnies s'entendant, et les deux systèmes de transport s'entr'aidant, on arrivera à une organisation aussi parfaite que possible de tous les services du transport dans Paris.

(1) Sur les chemins de fer à grandes distances, le nombre des voyageurs de première classe n'est que le dixième environ du nombre total de voyageurs. Ainsi, sur le chemin de fer d'Orléans, les voyageurs se sont ainsi répartis en 1852 :

1re classe, 11 p. 100.	. . . .	258,116.
2e — 23 p. 100.	. . . .	533,319.
3e — 66 p. 100.	. . . .	1,583,500.
	Total.	2,399,265.

Sur le chemin de fer de Strasbourg en 1852.

Voyageurs de 1re classe, 9 p. 100.	. . . .	167,110.
— 2e — 18 p. 100.	. . . .	371,959.
— 3e — 73 p. 100.	. . . .	1,407,756.
	Total.	1,950,165.

Sur le chemin de fer de Saint-Germain en 1852.

Voyageurs de coupé.	. . . .	3,327.
— de diligence.	. . . .	286,637.
— de wagons.	. . . .	1,946,197.
	Total.	2,236,161.

Le prix des premières places, fixé à 15 centimes, prix si inférieur aux prix actuels des places d'omnibus, et surtout l'avantage d'être reçus les premiers dans les voitures de correspondance, porteront un grand nombre de voyageurs à prendre les premières places. La proportion de 25 p. 100, pour les voyageurs de 1re classe, sur le chemin de fer souterrain, paraît donc justifiée. Elle le serait encore si les premières places étaient de 10 centimes seulement (Voir ci-dessus, n° 91), et les secondes de 5 centimes.

geurs qui circuleront sur le chemin de fer par jour, 15,000 voyageurs paieront,
à 15 cent. par place de 1re classe. . . . . F. 2,250
 45,000 voyageurs paieront, à 10 cent. par place de 2e classe. . 4,500

Total, par jour, produit des voyageurs omnibus. . ʌ . 6,750
Total, par an, produit des voyageurs omnibus. . . 2,463,750

On établirait même des voitures de 3e classe, dont les places seraient à 5 centimes seulement, pour les ouvriers ou tous ceux auxquels ces places conviendraient.

Enfin, on arriverait très probablement à une recette supérieure si, deux classes de voitures seulement existant, on ne payait que 10 centimes dans la 1re classe et 5 centimes dans la 2e. Il ne faudrait, pour obtenir ce résultat, que doubler le chiffre de 60,000 voyageurs et le porter à 120,000. Il circule dans les omnibus de Londres 900,000 voyageurs par jour !

§ 2. — VOYAGEURS DES CHEMINS DE FER ABOUTISSANT A LA VOIE SOUTERRAINE.

93. Les compagnies des chemins de fer ont des voitures dans Paris qui leur apportent des voyageurs des différents quartiers pour les départs, et qui prennent également les voyageurs, à l'arrivée, pour les transporter dans les différents quartiers.

Ce service sera fait beaucoup plus complétement par le chemin de fer souterrain et par les voitures de correspondance, lesquelles conduiront les voyageurs bien plus près de leurs domiciles.

Les voyageurs des chemins de fer auront même, comme on le verra ci-après, n° 97, l'avantage de pouvoir faire transporter leur bagage plus facilement et à moins de frais par le chemin de fer souterrain.

94. Les voyageurs des chemins de fer sont aujourd'hui transportés par un certain nombre de voitures faisant plusieurs voyages par jour. Il résulte du tableau suivant que ces voitures transportent par jour environ 10,636 voyageurs, soit, nombre rond, 10,000.

95. Les voyageurs des voitures des chemins de fer paient 15 ou 30 centimes; il y en a quelques uns qui, à certains jours, sont transportés gratuitement; mais, que le sacrifice pour le transport soit fait par les compagnies des chemins de fer, ou qu'il soit fait par les voyageurs, le transport n'en coûte pas moins. On peut donc fixer le prix des places de ces voyageurs au même taux que celui des voyageurs provenant des voitures dites *omnibus*, soit à 15 et à 10 centimes; mais, comme ces prix seront très favorables et qu'ils augmenteront nécessairement, le nombre des voyageurs, on porte les voyageurs qui prendront la voie souterraine pour se rendre aux chemins de fer à 20,000 au lieu de 10,000.

Soit un quart ou 5,000 voyageurs de 1re classe, à 15 c. . .   750 fr.
Et trois quarts ou 15,000 voyageurs de 2e cl., à 10 c. . .   1,500

Total produit des voyageurs des chemins de fer, par jour. .   2,250
Total produit des voyageurs des chemins de fer, par an. . . 821,250 fr.

Si, ainsi qu'il a été dit n° 91, le prix de transport des voyageurs était abaissé à 10 et 5 centimes, la recette pourrait être encore plus forte.

96. Le tableau suivant s'explique de lui-même.

Voyageurs des chemins de fer aboutissant à la voie souterraine qui seront acquis à la voie.

CHEMINS DE FER qui ont en service de voitures dans Paris pour leurs voyageurs.	NOMBRE de voitures arrivant à la gare pour chaque cheval et en partant.	NOMBRE de départs et d'arrivées par jour.			NOMBRE des voyageurs transportés par chaque voiture. Les deux tiers des places.	NOMBRE de voyageurs transportés par jour.
		Été.	Hiver.	Moyenne.		
Chemin de fer de Saint-Germain et Auteuil . .	6	80	40	60	11	3,960
Chemin de fer de Versailles (rive droite)	4	30	26	28	11	1,232
Chemin de fer du Nord. .	5	16	16	16	11	880
Chemin de fer de Strasbourg	5	22	18	20	11	1,100
Chemin de fer de Lyon. .	5	22	18	20	11	1,100
Chemin de fer d'Orléans et de Corbeil.	5	24	20	22	11	1,210
Chemin de fer de l'Ouest et de Versailles (rive gauche)	4	28	24	26	11	1,144
TOTAL DES VOYAGEURS PAR JOUR.						10,626

Nombre à doubler (voir n° 95).

Chapitre II. — *Bagages des voyageurs des voitures de chemins de fer.*

97. Les voitures des chemins de fer, dans Paris, portent rarement les bagages des voyageurs pour le départ ; quelques unes, le petit nombre, transportent les voyageurs d'arrivée avec leurs bagages jusqu'à domicile.

Le service de voitures qui sera annexé au chemin de fer souterrain, voitures qui parcourront sans cesse les circonscriptions des nombreux bureaux disséminés dans Paris par la compagnie, permettra de prendre pour tous les départs, et de conduire à domicile, à toutes les heures d'arrivée, les bagages des voyageurs, de même que les articles de messageries.

Le chemin de fer souterrain pourra donc compter sur un certain nombre de bagages.

98. Il est difficile de dire quelle est aujourd'hui l'importance des bagages des voyageurs partant de Paris et arrivant à Paris par les chemins de fer ; cependant on peut se rattacher à quelques chiffres. Ainsi le chemin de fer de Paris à Rouen a transporté, dans le deuxième semestre de 1852 : excédants de bagages, poids, kilogrammes. 1,709,079
Pour lesquels il a perçu, francs. 111,385

Le chemin d'Orléans, et accessoires, a transporté en 1852 :
bagages, kilogrammes 6,447,387
Pour lesquels il a perçu (1) francs 2,150,000

Le chemin de Paris à Lyon a perçu, en 1852, pour bagages, francs 251,226
En 1853, francs 286,211

Nous prendrons pour base de notre calcul le chemin de fer de Rouen, et nous supposerons que les deux tiers au moins des bagages sont partis de Paris ou sont arrivés à Paris, soit pour un semestre, nombre rond, kilogrammes 1,100,000
Ou pour l'année entière, poids, kilogrammes 2,200,000
On peut supposer que moitié seulement des bagages transportés par le chemin de fer paie des frais de transport, puisque chaque voyageur a droit au transport gratuit de 15 kilogram-

---

(1) Le chemin de fer d'Orléans a produit, d'après le compte-rendu de 1852, pour *bagages et chiens*, francs. 2,211,776
Le chemin de fer de Paris à Lyon a perçu en 1853, pour bagages. 286,211
Pour transport de chiens. 20,471
Soit rapport du produit des chiens aux bagages, environ un douzième.
C'est sur cette base qu'a été fixé à 2,150,000 fr. le produit des bagages sur la ligne d'Orléans après le produit du transport des chiens déduit.

mes (1), ce qui fera monter le total des bagages partant annuellement de Paris par le chemin de fer de Rouen ou y arrivant à kilogrammes 4,400,000

On supposera de plus que chaque colis pèsera 20 kilogrammes, ce qui donnera, pour 4,400,000 kilogrammes, nombre de colis 220,000

Enfin on supposera encore que la moitié du nombre total des voyageurs ayant bagage sera transportée par la voie souterraine. La voie souterraine transporterait, d'après ces données, pour le chemin de fer de Rouen, allant ou venant, colis. . 110,000

Le prix de transport du colis étant fixé, pour le parcours sur la voie souterraine, à 15 centimes [sauf à l'abaisser à 10 centimes lorsqu'un seul voyageur aurait plus de deux colis; les voitures des chemins de fer prennent indistinctement 30 centimes (2)], la voie souterraine percevrait, pour le transport des bagages des voyageurs du chemin de fer de Rouen, francs. 16,500

Et, en supposant même somme produite par les voyageurs des cinq autres chemins de fer principaux, le produit total des six chemins de fer à grande distance ou à grand parcours serait de francs. 99,000

Soit produit probable, francs 100,000

99. En se rapportant à d'autres données, on arrive à peu près au même résultat. Ainsi tous les jours les voyageurs à grande distance (ceux qui ont des bagages) sont amenés à Paris par au moins

5 trains (3) du chemin du Havre ou de Rouen, trains . . 5
5 trains du chemin de fer du Nord, trains 5
5 trains du chemin de fer de Strasbourg, trains 5
5 trains du chemin de fer de Lyon, trains 5
5 trains du chemin de fer d'Orléans, trains 5
5 trains du chemin de fer de l'Ouest, trains 5

Total des trains amenant chaque jour les voyageurs à grande distance dans Paris 30

A l'arrivée de chaque train, 5 voitures au moins se trouvent

----

(1) On n'accorde que 15 kilogrammes sur le chemin de Rouen; sur d'autres chemins on accorde 25 à 30 kilogrammes.

(2) Le transport de chaque colis bagage coûtera 10 ou 15 centimes de plus, à cause de ce qui sera perçu par le service complémentaire. Voir ci-après, n° 138.

(3) Il y a plus de cinq trains à grande distance sur ce chemin et les suivants, mais on n'en porte que cinq, parceque le surplus est train de nuit. Cependant les voitures des chemins de fer desservent aujourd'hui les trains de nuit; mais elles font payer double prix: on pourra faire de même.

à la gare pour prendre les voyageurs : soit, pour 30 trains, voitures   150

Chaque voiture porte en moyenne 11 voyageurs ; la moitié au moins de ces voyageurs a des bagages : soit, pour les 150 voitures, voyageurs à bagages   850

Et, comme la plupart de ces voyageurs ont plusieurs colis, on porte, au lieu de 850, colis   1,000

Soit, total par jour pour la voie souterraine, colis bagages d'arrivée et de départ   2,000

Par an.   730,000

A 15 centimes par colis, francs   109,500

100. Il est à observer que dans ce calcul on n'a tenu aucun compte des nombreux voyageurs qui font transporter aujourd'hui leur bagage par les voitures de place, et qui useront du chemin de fer lorsqu'il conduira, à l'aide du service complémentaire, sur tous les points, et que les prix seront abaissés pour les personnes et pour les bagages.

Chapitre III. — *Produit des articles de messagerie ou du factage dans Paris.*

101. Les chemins de fer, dans un rayon de 120 kilomètres à partir de Paris, produisent, l'un portant l'autre, 80,000 fr. par kilomètre (1).

Ces 80,000 fr. se divisent en voyageurs . . . . F.   58,000

---

(1) Voici quelques chiffres des produits de 1853, par kilomètre :

Paris à Rouen, chiffre officiel.   83,381
Paris à Amiens, chiffre officiel.   103,800
Paris à Strasbourg, chiffre supposé, sur les 120 premiers kilomètr.   80,000

Le kilomètre, sur la ligne entière de Strasbourg (627 kilomètres), a produit 40,397 fr.; sur la ligne entière du Nord (710 kilomètres), il a produit 56,000 fr. Lorsque la distance de Paris à Amiens (157 kilomètres) donne 103,000 fr., on peut donc croire que les 120 kilomètres à partir de Paris, sur la ligne de Strasbourg, donnent 80,000 fr.

Paris à Lyon, chiffre supposé.   80,000

Le kilomètre sur la ligne totale de Paris à Châlons-sur-Saône (353 kilomètres), en 1853, a produit 56,271 fr.

Orléans . . . .   90,000 fr.

Le chiffre officiel de 1850 était, pour la ligne d'Orléans seule, de 79,000 fr. La ligne s'est beaucoup étendue depuis.

Chartres . . . .   50,000 fr.

Le chiffre officiel de la ligne de Chartres était, pour 1853, de 29,626 fr.; on porte à 50,000 fr. le produit du kilomètre sur cette ligne, dans un rayon de 120 kilomètres à partir de Paris, parceque les produits augmenteront beaucoup quand la ligne sera achevée.

Soit, pour les six lignes, nombre rond. . . . .   486,000 fr.
Le sixième   81,000

Marchandises , roulage . . . . F.   36,000
Messageries.   6,000
Sur les objets de messagerie, les trois quarts au moins vien-
nent à Paris ou partent de Paris : soit, pour les articles de
messagerie, produit d'un kilomètre   4,500
Pour 120 kilomètres   540,000
Pour les six chemins de fer (1)   3,240,000

Le port d'un objet de 3 kilogrammes venant d'Orléans est de 25 centimes;
de 3 à 10 kilogrammes, 70 centimes.

Le factage pour les articles de 5 kilogrammes est de 30 centimes; de 6 à 25
kilogrammes, de 40 centimes; de 26 à 50 kilogrammes, 50 centimes; au dessus de 50 kilogrammes, 1 centime par chaque kilogramme d'excédant.

Il y a des prix convenus pour les marchands de fruits, de volailles, de beurre,
40 et 50 centimes par 100 kilogrammes.

Hors barrière le factage coûte double.

Il résulte de ces données que le factage ou transport dans Paris d'un article
de messagerie de 3 kilogrammes ou au dessous, arrivé par le chemin de fer,
coûte plus que le transport sur 121 kilomètres de chemin de fer, distance d'Orléans à Paris.

102. Pour établir ce que rapportera au chemin de fer souterrain le factage
des articles de messagerie dans Paris, nous avons eu recours aux données
suivantes.

Quoique les chemins de fer aient étendu leur réseau sur les points les plus
éloignés, les administrations des messageries impériales et des messageries générales ont conservé une grande partie du transport des articles de messageries.
Ainsi ces administrations ont encore des bureaux et des employés, pour le service de Paris, dans les villes traversées par les grandes lignes de chemins de
fer, à Angers, par exemple; leur service de factage dans Paris est donc resté
considérable.

Les messageries impériales emploient, dans Paris même, 26 voitures et facteurs, chaque jour, pour leur service de factage.

Chaque facteur transporte, pendant les quatre mois d'hiver, au moins 100
paquets ou colis par jour.

Pendant les mois d'été, les facteurs attachés aux routes industrielles qui fournissent un grand nombre d'échantillons transportent le même nombre d'objets,

---

(1) Ce chiffre est au dessous de la réalité : le chemin de fer de Rouen (117 kilomètres) a produit, en 1853, articles de messagerie, 831,169 fr. Les autres chemins de fer, ayant un parcours beaucoup plus étendu, ont dû produire davantage, chacun d'eux, dans un rayon de
120 kilomètres autour de Paris; le produit des six chemins de fer pourrait être porté, au lieu
de 3,240,000 fr., à 4,000,000 fr.

mais ceux qui desservent les routes de provisions, de consommation alimentaire, n'en transportent qu'environ 60.

Les 100 paquets ou colis des 120 jours d'hiver donnent, pour les 26 facteurs, colis. 312,000

Les 2,000 articles (au lieu de 2,600) transportés pendant les 245 jours restant de l'année donnent, colis 490,000

Total colis des messageries impériales transportés par an à domicile dans Paris. 802,000

Mais dans ce nombre ne sont pas compris les articles à destination extra-muros de Paris, non plus que ceux à destination d'au delà de Paris, pour lesquels toutes les entreprises de transport de Paris prennent un droit de factage.

On estime que tous ces articles réunis, pour Paris intérieur, pour Paris extra-muros et pour au delà de Paris, arrivant à Paris par les messageries impériales, montent journellement à 3,000 ou 4,000.

Soit, en adoptant le chiffre de 3,000 par jour, par an, colis . 1,095,000

Les messageries générales en transportent à peu près autant, soit 1,095,000

Total, par an, colis des messageries impériales et générales. 2,190,000

103. Comme nous l'avons dit plus haut, en la note sous le n° 10, la compagnie du chemin d'Orléans fait, par jour, trois distributions de ses articles de messagerie : une à 7 heures du matin, par cinq voitures de factage, desservant chacune un quartier de Paris ; la seconde à 11 heures (une seule voiture pour tout Paris) ; la troisième à 5 heures (une seule voiture encore pour tout Paris). Or les arrivées à Paris des convois à grande distance sur le chemin de fer d'Orléans sont ainsi distribuées qu'il arrive 2 convois de 7 à 11 heures du matin, 1 convoi de 11 heures à 5 heures, et 6 convois de 5 heures du soir à 7 heures du lendemain matin.

Les cinq voitures de la première distribution portent chacune environ 120 articles, les deux voitures de la seconde et de la troisième distribution chacune environ 140 articles : soit pour les sept voitures, par jour, colis. 880

Par an 321,200

Nombre rond. 320,000

On peut croire que les cinq autres grandes lignes de chemin de fer, plus les petites lignes, apportent dans Paris 5 fois autant d'articles de messagerie, soit. 1,600,000

Total des articles des chemins de fer 1,920,000

104. D'autres entreprises apportent dans Paris des articles de messagerie, telles que l'entreprise des Jumelles et celles qui desservent les environs de Paris. On estime que le nombre

de ces articles est égal, en moyenne, à ceux transportés par les messageries et par les compagnies des chemins de fer, c'est-à-dire qu'ils atteignent environ deux millions d'articles. Mais, comme plusieurs de ces articles échapperont au chemin de fer souterrain, on ne porte qu'articles 1,000,000

105. Ainsi le chemin de fer souterrain pourrait compter sur le factage des articles des Messageries impériales et générales . 2,190,000
Des articles des chemins de fer 1,920,000
Des articles des autres entreprises (moitié) 1,000,000

       Total 5,110,000
       Nombre rond 5,000,000

Mais, outre les articles de messagerie arrivant à Paris, la voie souterraine portera aux divers chemins de fer ou autres entreprises de transport les articles de départ, soit moitié des articles d'arrivée 2,500,000

Total des articles de messagerie qui pourraient former le produit du factage du chemin de fer souterrain 7,500,000
Pour ne pas rester au dessous des prévisions, nous n'en prenons que les deux tiers 5,000,000
A 20 centimes par article, parcours sur le chemin de fer et service complémentaire compris, le produit annuel sera de . 1,000,000
Sur les 1,000,000 fr., deux cinquièmes seulement devront être appliqués au transport sur le chemin de fer, les trois autres cinquièmes étant réservés pour le service complémentaire, soit pour le chemin de fer. 400,000

Chapitre IV. — *Produit du transport des articles de vente du commerce de détail et de demi-gros et des articles de commission dans Paris.*

206. Tous ceux qui connaissent les usages des magasins de Paris savent que des quantités innombrables d'articles sont portés journellement de chez les marchands chez les acheteurs.

Le nombre des voitures employées aux transports des grandes maisons de vente en détail ou en demi-gros et des fabricants, dans Paris, déjà très considérable, s'accroît tous les jours. Il n'y a pas aujourd'hui de fabricant, même de petit fabricant, il n'y a pas de maison de vente en détail ou en demi-gros, tant soit peu importante, qui n'ait sa voiture.

Chacune de ces voitures coûte, y compris les deux hommes nécessaires à son service, au moins 3,000 fr. par an. Il y a lieu de croire que, quand les maisons de vente auront des moyens économiques de faire porter promptement, et à toutes les heures de la journée, leurs articles à domicile, et de s'en faire rapporter le prix, elles abandonneront les voitures dispendieuses qu'elles entretiennent actuellement.

D'autres maisons de vente ont des porteurs à pied, d'autres font porter par des commissionnaires. Celles-ci auront surtout le plus grand intérêt à se servir du chemin de fer.

Enfin il se fait des envois fréquents de petits articles de commission dans Paris, de particulier à particulier.

107. On croit pouvoir assurer avec toute certitude qu'il se transporte plus d'articles, chaque jour, de chez les marchands chez les acheteurs, et de chez les particuliers chez les particuliers, qu'il n'en arrive par les chemins de fer et par les messageries. On adoptera donc pour nombre des articles ainsi portés dans Paris le chiffre de 5,000,000 par an, représentant les articles de messageries arrivant ; et, comme moitié au moins de ces articles donneront lieu à une réponse ou à un retour de fonds, on aura, en définitive, pour total, le même total que pour les articles de messageries, soit par an,

articles	7,500,000
Pour ne pas rester au dessous des prévisions, nous n'en prenons qu'un tiers.	2,500,000
À 20 centimes par article, transport sur le chemin de fer et par le service complémentaire, le produit annuel sera de fr.	500,000
Sur les 500,000 fr., deux cinquièmes seulement devront être appliqués au transport sur le chemin de fer, soit	200,000

Chapitre V. — *Produit du roulage ou camionnage.*

108. Pour apprécier les produits du roulage et du camionnage, nous diviserons les denrées, marchandises et matériaux qui devront alimenter le camionnage de Paris, en plusieurs séries, sous des paragraphes différents, suivant la nature des documents et le degré de certitude s'appliquant aux quantités de denrées, de marchandises et de matériaux qui alimentent aujourd'hui la consommation parisienne.

Ainsi plusieurs de ces objets sont soumis aux droits d'octroi, et l'on sait, par conséquent, quelles sont les quantités exactes qui entrent journellement dans Paris. D'autres n'y sont pas soumis, et les quantités consommées offrent, par suite, plus d'incertitude, ou leur appréciation doit être cherchée dans d'autres éléments. Enfin il faut tenir compte aussi des objets qui sortent de Paris. La quantité et le poids des articles de l'industrie parisienne fournis à l'étranger sont connus par les états que publie annuellement l'administration des douanes; les quantités que l'industrie parisienne fournit à la France ne peuvent pas être facilement appréciées.

§ 1er. — DENRÉES, MARCHANDISES ET MATÉRIAUX QUI ONT PAYÉ LE DROIT D'OCTROI
A LEUR ENTRÉE DANS PARIS EN 1852.

109. La Ville de Paris fait faire annuellement le relevé de toutes les denrées, marchandises et matériaux qui ont payé le droit d'octroi à leur entrée dans Paris. Ces relevés sont publiés par l'Annuaire du Bureau des longitudes. Les relevés qui suivent sont ceux de 1853; ils ont été extraits de l'Annuaire du Bureau des longitudes pour 1855.

		Marchandises, denrées et objets divers.	Tonnes supposées acquises au chemin de fer souterrain.
1° *Boissons, liquides.*			
Vins en cercles.	hectolitres. . .	1,241,062	
Id. en bouteilles.	id.	11,603	
Alcools pour liqueurs.	id.	64,020	
Cidre, poiré et fruits réduits.	id.	17,928	
Alcools dénaturés.	id.	613	
Huile d'olive.	id.	4,617	
id. de toute espèce.	id.	114,308	
Bière à l'entrée.	id.	41,871	
Id. à la fabrication.	id.	108,599	
Essence de térébenthine.	id.	11,858	
Vernis gras, blanc de céruse.	id. . . .	8,077	
Vinaigre de toute espèce.	id.	20,519	
Total, hectolitres.		1,616,013	

On suppose l'hectolitre pesant 100 kilogrammes, soit poids. 161,601,500

Ou tonnes. 161,601

Une grande partie des vins et autres liquides viennent aujourd'hui par la Seine à Bercy; mais ils viendront probablement plus tard par les chemins de fer.

On suppose que, sur ces 161,601 tonnes, seront acquises au chemin de fer, tonnes. 108,000

Raisins, kilogrammes. 2,297,575

Soit acquises au chemin de fer, tonnes 1,600

2° *Sorties des abattoirs.*
Viande de bœuf, vache, veau, mouton, bouc et

A reporter 109,600

Tonnes supposées
acquises au chemin
de fer souterrain.

Report			109,600
chèvre, poids,	kilogrammes . .	51,566,105	
Abats et issues de veau.	id.	824,424	
Viande et graisse de porcs.	id.	4,001,154	
Abats et issues de porcs.	id.	587,161	
Suifs bruts ou fondus.	id.	1,667,151	
Total, poids, kilogrammes	id.	58,446,005	
Ou tonnes.			58,446

Comme le service des abattoirs est fait par les bouchers, ces
produits ne seront peut-être pas de long-temps acquis au chemin
de fer; on ne porte donc rien.

3° *Viande ne sortant pas des abattoirs, provenances de l'extérieur,
charcuterie et fromage.*

Viande de bœuf, vache, veau, mouton, bouc et			
chèvre, poids,	kilogrammes	15,876,501	
Abats et issues de veau.	id. . .	1,022,151	
Viande fraîche et graisse de porcs,			
sangliers, cochons de lait, marcassins.	id. . .	5,521,265	
Abats et issues de porcs,	id. . .	759,596	
Charcuterie de toute espèce,	id. . .	925,817	
Pâtés, terrines, écrevisses, truffes, etc.,	id. . .	104,210	
Fromages secs,	id. . .	1,621,042	
Total, poids kilogrammes		25,850,582	
Soit, acquises au chemin de fer,	tonnes . . .		16,000

4° *Autres comestibles*

Marée,	francs.	7,874,050	
Huîtres,	id	1,611,559	
Poissons d'eau douce,	id	840,055	
Volailles et gibier,	id	14,955,564	
Beurre,	id	15,026,021	
Œufs.	id	7,157,011	
Total, francs		47,172,075	

On estime que ces articles pourront peser environ
47,472,075 kilogrammes, à 1 fr. le kilogramme. Mais,
comme la plupart seront des articles de messagerie, on
ne porte pour roulage, etc., comme poids, que kil. 5,000,000

Soit, tonnes.	5,000
A reporter	130,600

Marchandises, denrées et objets divers.		Tonnes supposées acquises au chemin de fer souterrain.
Report		130,600
5° Bois de chauffage.		
Bois dur, neuf ou flotté, stères.	461,722	
Bois blanc, id. id	165,817	
Menuise et fagots de toute espèce.	72,490	
Total, stères.	700,029	
Soit, à 800 kilogrammes pour un stère, poids . .	560,023,200	
Tonnes.	560,023	
Soit, acquises au chemin de fer, tonnes . . .		160,000
6° Charbons de bois et de terre		
Charbon de bois, hectolitres.	5,061,952	
Poussier de charbon, id.	197,505	
Charbon de terre, id.	4,648,015	
Total, hectolitres.	7,907,530	
On suppose l'hectolitre pesant, l'un portant l'autre, 100 kilogrammes, soit, poids, kilogrammes.	790,753,000	
Tonnes.	790,753	
Soit, acquises au chemin de fer		240,000
7° Fourrages.		
Foin, bottes.	7,152,405	
Paille, id.	12,524,159	
Total, bottes.	19,676,564	
On suppose la botte pesant 5 kilogrammes.		
Soit, poids, kilogrammes	98,382,820	
Soit, acquises au chemin de fer, tonnes . . .		16,000
8° Avoines, hectolitres.	1,083,916	
On suppose l'hectolitre d'avoine pesant 50 kilogrammes, poids, kilogrammes	54,195,800	
Soit, tonnes.		40,000
9° Matériaux.		
Ciment, hectolitres	275,488	
Plâtre, id.	2,973,218	
Total	3,246,706	
A reporter		586,600

<table>
<tr><td>Marchandises, denrées et objets divers.</td><td>Tonnes supposées
acquises au chemin
de fer souterrain.</td></tr>
</table>

Report	**586,600**

On suppose l'hectolitre de ciment ou de plâtre pesant 120 kilogrammes. Soit, poids 389,601,720

La plus grande partie du plâtre vient des environs de Paris.

Soit, acquises au chemin de fer, tonnes 104,000

10° *Moellons, pierre de taille et marbre.*

Moellons bruts et piqués,	mètre cube	113,488
Pierre de taille de toute espèce,	id.	192,026
Marbre et granit,	id.	2,082
Total,	mètres cubes.	309,596

Le mètre cube des pierres et marbres pèse de 2,500 à 3,000 kilogrammes, soit, poids moyen, 2,700 kilogrammes, ou, pour 309,596 mètres cubes, 825,369,200 kilogrammes ou 835,369 tonnes. . . 835,369

Soit, acquises au chemin de fer 160,000

11° *Autres matériaux.*

Ardoises de toute dimension,	unités. . . .	4,511,641
Briques,	id.	12,640,557
Tuiles,	id.	933,886
Carreaux de terre cuite,	id.	1,790,660
Total,	unités.	19,876,740

On suppose la brique, la tuile, le carreau, pesant 1 kilogramme, soit, poids, kilogrammes 19,876,740

Soit, acquises au chemin de fer, tonnes 8,000

12° *Mottes de terre glaise, sable gras.*

Mottes de terre glaise et sable gras, 52,515 mètres cubes 44,914

On suppose le mètre cube pesant 1,200 kilogrammes, soit, poids, kilogrammes. 53,032,800

Soit, acquises au chemin de fer, tonnes 24,000

13° *Poteries, etc.*

Poteries, pots creux, etc., kilogrammes. . . . 4,813,850

Soit, acquises au chemin de fer, tonnes. . . . 3,000

A reporter	**885,600**

	Tonnes supposées acquises au chemin de fer Waterloo.
Report	885,600

14° *Bois de construction.*

Charpente, chêne et autres bois durs, stère. . .		45,860
Sapin et bois blanc,	id . . .	19,781
Total, stères.		65,641
Soit, le stère ou mètre cube pesant 800 kilogrammes, poids moyen, tonnes		52,412
Sciage, chêne et bois dur, mètre courant. . . .		5,310,124
Id. bois blanc,	id.	12,572.234
Total, mètre courant		17,882,058
Soit, le mètre courant pesant l'un portant l'autre 6 kilogrammes, kilogrammes.		107,297,748
Lattes, bottes.		176,058
Bateaux { en chêne, l'unité.		104
{ en sapin, id.		748
Bois de décharge { en chêne, mètre carré. .		13,375
{ en sapin, id. id . .		55,539

Plusieurs de ces objets arriveront au chemin de fer. Cependant on ne porte comme acquis à sa circulation qu'une partie du bois de charpente et des bois de sciage, soit, pour ces deux espèces de bois (52,412 plus 107,297 tonnes), au lieu des 159,709, tonnes . . 80,000

15° *Orge,* hectolitres.		65,407
Soit, l'orge pesant 60 kilogrammes l'hectolitre, kilogrammes		5,924,420
Soit, tonnes.		5,000

16° *Objets divers.*

Sel gris et blanc, kilogrammes		6,156,025
Cire blanche et bougie, id		62,051
Cire jaune, acide stéarique, id		88,641
Bougies stéariques, id		1,026,132
Suifs de toute espèce et graisses non employées comme comestibles, kilogrammes.		1,570,840
Total, poids, kilogrammes.		8,903,689
Soit, acquis au chemin de fer		6,400

A reporter 975,000

§ 2. — OBJETS DE CONSOMMATION OU AUTRES ENTRANT DANS PARIS SANS PAYER LE DROIT D'OCTROI.

Report 975,000

110. Les objets de consommation ou autres entrant dans Paris sans payer de droit d'octroi sont difficiles à constater quant aux quantités, les documents officiels concernant ces quantités étant très incomplets, ou manquant même totalement relativement à certains objets; cependant, par quelques rapprochements, on peut arriver à des résultats approximatifs.

1° *Grains et farines pour la consommation de Paris.*

Soit 200 kilogrammes par personne et 1 million d'âmes. La consommation entière de la France est de 80 millions d'hectolitres ou 6 milliards de kilogrammes pour 35 millions d'habitants, ou 171 kilogrammes pour 1 habitant. On porte davantage pour Paris, parceque la consommation de Paris est proportionnellement beaucoup plus forte. Chaque habitant de Paris consomme 500 grammes de pain par jour (voir le rapport de M. Victor Foucher, sur la boulangerie, au Conseil général de la Seine).

Soit, kilogrammes 200,000,000

Soit, tonnes. 200,000

2° *Sucre, denrées coloniales, riz, soufre,* etc.

20 kilogrammes par personne pour 1 million d'habitants (1): soit, tonnes. 20,000

A reporter 1,195,000

---

(1) La consommation du sucre en France est de 4 kilogrammes par personne (Voir *De la production du sucre dans le monde,* par M. Michel Chevalier [*Annuaire d'économie politique,* 1855, p. 393]. — M. Michel Chevalier dit dans cet article qu'en 1826 la consommation du sucre en France était moitié moindre.

Il résulte d'un autre article de l'*Annuaire d'économie politique* de 1852 que, de 1812 à 1816, la moyenne annuelle de consommation en France, par habitant et pour les objets ci-après, s'est répartie comme suit :

Bois de teinture, kilogr. . . .	0,5062	Report.	2,8139
Cacao	0,0508	Thé.	0,0048
Café	0,1151		
Coton	1,7206	Total. . .	2,8187
Indigo.	0,0311	Riz étranger.	4,0000
Poivre	0,0595	Soufre.	0,0000
A reporter. .	2,8139	Total, kilogr.	7,4187

Ajoutés au 4 kilogrammes de sucre étranger ou français, ces objets de consommation don-

Report 1,195,000

3° Denrées de la halle, légumes, pommes de terre.

Le rapport fait par M. Tronchon, en juin 1858, constate qu'en temps ordinaire, les halles centrales sont desservies par 3,990 voitures et 795 bêtes de somme (1); chacune de ces voitures portant 300 kilogrammes, ce serait par jour 1,197,000, et par an 416,005,000 kilogrammes, ou 416,905 tonnes. On néglige ce qui est porté par bêtes de somme, et, de plus, au lieu de 416,905 tonnes, on ne porte que tonnes 250,000

4° Etoffes, toiles, laine, lin, coton, chanvre, etc., entrant dans Paris. — Objets de quincaillerie, etc., et pour les usages de la vie.

On suppose 10 kilogrammes par personne et 1 million d'ha-

A reporter 1,415,000

nent un total de 11 kilogrammes environ annuellement par personne. Mais la consommation de Paris est beaucoup plus grande que la consommation moyenne de la France entière. Ainsi, dans les Recherches statistiques sur Paris publiées par le département de la Seine, on estime (voir le volume publié en 1829) la consommation du sucre, dans Paris, à 1 kilogramme par mois et par habitant. La consommation du café est portée à 0 kilogramme 375, par mois et par habitant. On y estime celle du thé et du cacao à un dixième de la consommation du café, et la consommation des épices et du miel à un dixième de la consommation du sucre. D'après ces évaluations, la consommation du sucre, des denrées coloniales, du riz, du sucre, etc., dépasserait annuellement 20 kilogrammes par habitant. Nous n'avons porté que 20 kilogrammes et 1 million d'habitants; et cependant, comme on l'a vu plus haut, d'après M. Michel Chevalier, la consommation du sucre à Paris a doublé depuis 1826 : il en doit être de même des autres objets de consommation analogue.

(1) Voici un autre renseignement tiré du *Moniteur* du 4 mai 1831, p. 1259, 1re colonne.

« Il résulte d'un travail exécuté par les gens préposés par la police à l'effet de relever pendant huit jours, ou plutôt huit nuits, le nombre des voitures, bêtes de sommes, hottes et paniers qui transportent dans les différents marchés de Paris les denrées nécessaires à leur approvisionnement quotidien, une moyenne, par jour, de 2774 voitures, 199 bêtes de somme, 549 hottes et 61 paniers. — Les chiffres ainsi relevés ont reçu quelques jours plus tard la confirmation authentique d'un dénombrement fait, dans la nuit, aux barrières, par les employés de l'octroi de Paris. (Suivent des détails sur l'espace qu'occupe à la halle de Paris le commerce des beurres, des œufs, de la marée, des fruits, des fleurs coupées, des légumes, des champignons, de la viande, etc.; l'emplacement total est de 36,091 mètres.

» Les gros légumes arrivent, en été, de 11 heures du soir à trois heures du matin; en hiver, de minuit à quatre heures.

« Le jardinage et les fruits arrivent, en été, de minuit à 7 heures du matin; en hiver, de 2 à 8 heures; la marée de 5 à 8 heures en été, de 6 à 9 heures en hiver; les huîtres de 6 à 10 heures en été, de 7 à 11 heures en hiver; les beurres et les œufs, selon les saisons, de 4 à 9 heures, de 5 à 10 heures, de 6 à 11 heures; les viandes à la criée, à 6 heures du matin, en janvier, février, novembre et décembre, à 5 heures en mars et en octobre, à 4 heures dans les six mois d'été; celles du marché des Prouvaires, selon la nature des marchandises, savoir : la viande de boucherie dans les étaux, de 6 à 11 heures du matin; les viandes de charcuterie, de 2 à 8 heures du soir et de 3 à 6 heures du matin; la triperie, de 4 à 7 heures du soir; les volailles, de 8 à 11 heures du matin.

— 58 —

Report 1,445,000

bitants; soit, kilogrammes. 10,000,000

   Soit, tonnes. 10,000

5° *Métaux : fer, fonte, aciers, fers travaillés, etc.*

La consommation de la France en fonte a été, en 1847, de 500,000 tonnes; sa consommation en fer et autres métaux de 300,000 à 400,000 tonnes.

Paris consomme, proportionnellement, beaucoup plus de fer que tout le reste de la France; on emploie surtout aujourd'hui beaucoup de fer dans les constructions. On croit donc pouvoir évaluer la consommation de Paris en fer et autres métaux à 25,000 tonnes, ci. 25,000

§ 3. — ARTICLES QUE L'INDUSTRIE PARISIENNE FOURNIT A L'ÉTRANGER.

111. Les articles que l'industrie parisienne fournit à l'étranger sont déclarés à la douane de Paris, et les chiffres en sont tous les ans publiés. On doit faire remarquer toutefois qu'il est reconnu que ces chiffres, quant à la valeur des objets expédiés, sont inférieurs à la valeur réelle; ainsi, quand une déclaration porte la valeur d'un colis à 800 fr., il faut compter 1,200 fr. de valeur réelle. Mais cette considération ne peut influer en rien sur le chiffre adopté dans le présent paragraphe, puisque ce chiffre indique, non la valeur réelle, mais le poids en tonnes.

Exportations déclarées à la douane de Paris pendant l'année 1852 (Extrait de l'Annuaire 1853 d'économie politique). . . . .

1er *semestre.* sans prime (1). . .	58,808,396 fr.
Colis, 107,197 avec prime (2). . .	47,852,587
2me *semestre.* sans prime (1). . .	60,969,150
Colis, 155,406 avec prime (2). . .	60,878,035
Total, valeurs	228,488,148 fr.

Poids en tonnes, chiffre de l'administration des douanes. Tonnes. 31,597

   Acquises au chemin de fer, tonnes. 31,000

A reporter 1,514,000

(1-2) Les articles qui s'expédient avec prime d'exportation sont principalement les fils et tissus de coton et de laine, les sucres étrangers raffinés, etc.

§ 4. — ARTICLES DE L'INDUSTRIE PARISIENNE SORTANT DE PARIS
POUR LA FRANCE.

Report	**1,514,000**

112. Les chiffres du présent paragraphe n'ont pu encore être fixés qu'à l'aide de rapprochements et de comparaisons, aucune donnée exacte n'existant sur la valeur des objets ou sur les quantités que l'industrie parisienne fournit à la France.

D'après la statistique de l'industrie de Paris par M. Horace Say (chambre de commerce), l'industrie parisienne a produit en 1847 des objets fabriqués pour une valeur de 1,463,628,350 fr. Tout porte à croire que, depuis, cette valeur a augmenté, comme tous les produits de l'industrie française.

On peut se rendre raison de cette augmentation en comparant les exportations pour l'étranger de 1847 et celles de 1852.

Elles avaient été, en 1847, de 19,170 tonnes, valant	168,575,187 fr.
Elles ont été, en 1852, de 34,597 tonnes, valant.	238,488,148 fr.
Suivant cette proportion, les produits de l'industrie parisienne, au lieu de (en 1847)	1,463,628,350 fr.
auraient été, en 1852, de (nombre rond).	1,985,000,000 fr.
Il est exporté à l'étranger plus du dixième de cette valeur.	238,488,148 fr.
Il peut en être exporté le triple, trois dixièmes, dans l'intérieur de la France (1),	
A reporter	1,514,000

---

(1) Cette proportion du triple pour l'intérieur de la France ne paraîtra pas exagérée, si l'on considère que les 1,163,628,350 francs produit de l'industrie parisienne se composent presque entièrement, sauf peut-être 115,112,679 francs de l'industrie du bâtiment, de produits destinés à l'extérieur de Paris autant qu'à l'intérieur. En voici le tableau :

Vêtements.	210,917,293	Industries chimique et céramique.	71,516,606
Alimentation	226,863,080	Carrosserie, sellerie, équipement militaire.	52,357,176
Bâtiment..	115,412,679	Imprimerie, papeterie. . .	51,171,873
Ameublement..	137,115,216	Peaux et cuirs.	41,763,965
Travail des mét. précieux	131,830,276	Boisselerie, vannerie.. . .	20,482,304
Articles de Paris.	128,658,777		
Fils et tissus..	105,818,171		
Travail des métaux mécaniques..	113,631,601	Total. . .	1,163,628,350

On trouve, au reste, un aperçu de la consommation de Paris, pour certains produits de l'industrie parisienne, dans le volume 1829 des *Recherches statistiques sur le département de la*

Report 1,514,000

soit pour. . . . . 685,464,444 fr.

Soit, poids, tonnes (trois fois le poids des tonnes exportées
pour l'étranger). 103,791

Soit, acquises au chemin de fer, tonnes. 100,000

Total : articles de roulage, camionnage, tonnes . 1,614,000

Seine. Ainsi la consommation en vêtements y est portée à 70 fr. 48 c. par habitant. Il est vrai qu'on regarde ce chiffre comme un peu faible ; mais si on le porte à 80 francs, et si l'on suppose que le quart seulement des fournitures d'habillement aux habitants de Paris vient de l'extérieur, on aura 60 francs par an pour la moyenne des produits de l'industrie parisienne consacrés à chaque habitant de Paris, soit pour un million d'habitants, francs. . . 60,000,000 »

Or, d'après le tableau ci-dessus, les produits propres à l'habillement sont :
Vêtements. . . . . F. 210,947,298 »
Articles de Paris. . . . . 128,658,777 »
Fils et tissus. . . . . 105,818,171 »

Total. . . 475,424,511 »
Sur laquelle somme Paris consommerait. . . . . 60,000,000 »
Soit environ un huitième.

D'après le même volume de statistique parisienne, la dépense en mobilier
de chaque habitant de Paris serait par an de. . . . . F. 68 03
Soit, pour un million d'habitants. . . . . 68,000,000 »

Les industries qui fournissent au mobilier sont :
Ameublement. . . . . 137,115,216 »
Travail, métaux, mécanique, industries chimique et céramique, carrosserie, sellerie, équipement militaire, peaux et cuirs, soit environ 311 millions. On prend le sixième, soit. . . . . F. 50,500,000 »
Boissellerie, vannerie. . . . . 20,482,301 »

Total. . . . . 208,127,550 »
Sur laquelle somme Paris consommerait. . . . . 68,000,000 »
Soit un tiers.

On croit que la moyenne entre 1/8 et 1/3, soit 11/18, soit largement 1/4, représente la consommation de Paris dans les produits de l'industrie parisienne, sauf toutefois après retranchement des produits de l'industrie du bâtiment et des trois quarts des produits de l'industrie d'alimentation, qui concernent beaucoup plus spécialement les travaux et la consommation de Paris.

Ce retranchement opéré, il restera, produits 1847, nombre rond, francs. . 1,118,000,000 »
Et comme 228,000,000 de francs de valeurs déclarées à la douane pèsent 31,000 tonnes, ces 1,118,000,000 pèseront (tonnes). . . . . 171,000 »
Or, dans ces 171,000 tonnes, Paris prend le quart, 43,000 tonnes ; l'étranger en avait pris, en 1847 (voir ci-dessus), 19,000 tonnes. Total, tonnes. . . 62,000 »
Resterait donc, pour les départemens de la France ou pour la France hors Paris, d'après les chiffres de 1847, tonnes . . . . 109,000 »

Et comme les chiffres de 1851 sont supérieurs d'un tiers, il s'ensuivrait que le chiffre de 100,000 tonnes adopté serait au dessous de la réalité.

Il faut observer, en outre, que les produits de l'industrie relevés par M. Say pour 1847 sont ceux compris dans l'intérieur des murs de Paris ; qu'une partie des produits hors Paris seront peut-être expédiés de Paris ; que surtout la consommation de Paris même s'alimente aussi de ces articles, et qu'elle prend, par conséquent, d'autant moins sur ceux de Paris même.

113. Une tonne transportée de la gare d'un chemin de fer à domicile coûte, d'après les tarifs actuels (voir ci-dessus, n° 13) . . . . F.   4   50

Les 100 kilogrammes coûtent.   0   45

Le prix du transport de la tonne par le chemin de fer souterrain et le service complémentaire pourra être fixé à.   3   »

Sur ces 3 fr., 1 fr. 50 cent. seront appliqués au transport par le chemin de fer (1 fr. 50 cent. (1) étant réservé au service complémentaire), ci.   1   50

Soit, pour tonnes.   1,614,000   »

Produit, nombre rond, francs.   2,421,000   »

Chapitre VI. — *Produit du transport des boues de Paris.*

114. Le transport des boues de Paris est divisé en deux catégories : l'une comprenant les boues des rues *parées*, l'autre comprenant les boues des rues *macadamisées*.

L'enlèvement des boues ménagères dans les rues pavées est effectué, chaque jour, par 370 voitures, portant deux mètres cubes par voiture, plus par 12 voitures supplémentaires, portant également deux mètres cubes. (Ne sont pas comprises dans ce nombre les voitures employées, en hiver, à l'enlèvement des neiges et des glaces, service pour lequel la compagnie générale des omnibus s'est engagée à fournir, aux jours de neige, 50 voitures par jour.)

Ce sont donc annuellement 116,435 voitures qui enlèvent dans les rues *parées* de Paris, mètres de boues ménagères   232,850

Le service des boues dans les rues macadamisées est fait, chaque jour, par 36 voitures portant une charge de 1 mètre cube 50, soit 54 mètres cubes par jour. Mais, comme ces voitures n'enlèvent de bon, comme engrais, que le crottin de la chaussée et les tas d'ordures ménagères déposés tous les matins sur les trottoirs ; comme, dans les temps de pluie, le produit des chaussées macadamisées est même absolument nul, on ne peut estimer l'engrais réellement utile recueilli par ces voitures qu'au quart de leur charge, soit 13 mètres

A reporter   232,850

---

(1) Le coût du transport de la tonne est partagé en deux parties égales, parceque le chargement et le déchargement sur le chemin de fer occasionneront un travail considérable.

Report **232,830**

cubes et demi par jour. Cependant, comme nous établissons ces données et ces chiffres en vue du transport des mêmes boues hors Paris
par le chemin de fer souterrain, comme on ne peut séparer dans ce
transport les boues utiles, recueillies en même temps que les boues
inutiles, nous porterons le chiffre de 54 mètres cubes par jour, soit
par an **19,710**

Total des boues à enlever annuellement de Paris **252,560**

115. Les boues sont aujourd'hui enlevées, en grande partie, par des cultivateurs des environs de Paris, qui paient pour cet enlèvement une redevance
à la ville de Paris, ou auxquels la ville de Paris paie une indemnité, suivant que
les rues affermées sont plus ou moins fréquentées, plus ou moins populeuses.
Il est peu de rues macadamisées dont les boues ne soient pas à charge à la ville.
D'après les baux et actes passés pour 1831, la ville a perçu 36,000 fr. de fer-
mage des boues, et elle a payé 74,000 fr. d'indemnité.

116. Les boues, étant transportées hors Paris et à quelque distance de Paris,
doivent coûter fort cher aux cultivateurs (voir ci-dessus, n° 18). Sans doute,
ils ont, en se servant de leurs domestiques de ferme et de leurs harnais, des
facilités sous ce rapport; cependant il est permis de croire que, si les boues,
recueillies par des chariots et dans des boîtes faits exprès, déposées sur les
trucs à la gare du chemin de fer souterrain la plus voisine, et expédiées de
là, au prix de 1 fr. 50 cent. la tonne, aux gares des grandes lignes des chemins de fer, étaient répandues par ces lignes dans tous les environs de Paris,
les cultivateurs demeurant près de la ville, et qui profitent seuls aujourd'hui
des boues, auraient des concurrents; que même les boues de Paris prendraient bientôt toutes cette voie.

On porte donc pour 200,000 mètres cubes, au lieu de 255,000 mètres cubes,
fournis annuellement en boue par la ville, à 1 fr. 50 cent. par tonne, parcours
sur le chemin de fer souterrain, francs **300,000**

117. Si le grand projet de M. le Préfet de la Seine relatif au transport
des boues (voir ci-dessus, n° 14) était exécuté, il ne se perdrait pas la moindre
parcelle des boues de Paris, au moins des boues ménagères. La quantité des
boues augmenterait donc sensiblement; mais, pour le moment, on s'en tient au
chiffre de 200,000 tonnes ci-dessus.

CHAPITRE VII. — Produit du transport des vidanges
et des eaux ménagères.

118. Les vidanges sont, dans Paris, d'une importance considérable, soit à

raison des ressources qu'elles procurent à l'agriculture, soit à raison du matériel et du nombre de bras employés par cette industrie.

On estime qu'il y a environ mille ouvriers par jour employés aux vidanges,
et presque autant de chevaux. La maison Richer occupe, à elle seule, 600 ouvriers et 550 chevaux.

119. Le produit des fosses se compose de matières liquides et de matières
solides.

L'usage, adopté dans les maisons et dans les quartiers modernes de Paris,
de faciliter l'écoulement des eaux dans les cuvettes des lieux d'aisance, a fait
que les fosses de ces quartiers contiennent beaucoup plus de matières liquides
et impropres à l'agriculture que les fosses des autres quartiers. Cependant la
partie liquide des fosses qui contiennent le plus d'eau est encore utile, et si,
d'après un système adopté dans ces dernières années, on répand les matières
liquides, après désinfection, sur la voie publique, c'est que le transport en est
trop coûteux à raison du parti qu'on en tire.

120. Les vidanges de Paris sont, en effet, transportées, pour la plus grande
partie, à Bondy; là, elles sont dépouillées, au moyen de l'évaporation, et en
les faisant passer de réservoir en réservoir, des matières liquides *inutiles*,
c'est-à-dire qui ne peuvent servir comme engrais. Quelques entreprises de
vidange ont été, en outre, autorisées à établir des dépotoirs particuliers dans
la banlieue; mais tous ces dépotoirs, placés, comme celui de Bondy, à une certaine distance de Paris, à raison des motifs de salubrité, exigent un transport
de 8 à 10 kilomètres (Bondy est à 8 kilomètres de Paris), transport très onéreux pour les entrepreneurs. Et cependant, quoique certains chimistes agriculteurs regardent, à tort selon d'autres, les matières liquides comme moins avantageuses, et malgré la faculté de les répandre sur la voie publique, une
grande quantité de ces matières est encore aujourd'hui transportée aux dépotoirs (1).

121. Tout porte donc à croire que, si on offrait aux entrepreneurs des moyens
peu dispendieux et faciles de transporter les matières des vidanges hors Paris,
ils se garderaient bien de perdre la matière liquide: car, il faut qu'on le sache
bien, le prix de l'hectolitre de poudrette, à Bondy, est de 5 à 6 fr., ce qui porte
le prix de la tonne de 50 à 60 fr. Ce prix laisse, comme on le voit, une marge

---

(1) Tout mètre cube de matières solides ou liquides que l'on retire d'une fosse d'aisances paie
à la ville de Paris 65 centimes par mètre cube. Les matières liquides répandues sur la rue
paient, en outre, 1 fr. 25 c. par mètre cube.

Dans les fosses où on ne jette pas d'eau, les matières solides sont du tiers ou du quart de la
vidange; dans les fosses où l'on jette de l'eau, elles ne sont quelquefois que du douzième, même
du vingtième.

assez belle pour permettre le transport des matières solides, même liquides, à une grande distance.

Ajoutons que la commission municipale de Paris, dans sa séance du 12 janvier 1855, en approuvant le projet qui lui avait été exposé par M. le Préfet de la Seine sur les vidanges et les égouts de Paris (voir ci-dessus, n°⁵ 14 et 18), et en affectant des fonds à l'étude de ce projet, a invité M. le Préfet, « pour éviter » des embarras ultérieurs, à n'accorder aucune autorisation définitive de verser » directement et à l'état libre dans les égouts les liquides provenant des fosses » d'aisances. » (*Moniteur* du 18 janv. 1855, p. 71, 4ᵉ colonne.)

122. Le nombre des fosses vidées à Paris en 1855 a monté à 22,000.

Elles ont produit, en matières liquides écoulées sur la voie publique, mètres cubes   207,000

En matières solides ou liquides transportées au dépotoir de Bondy.   100,000

En matières solides ou liquides (la plupart solides) transportées aux voiries particulières des vidangeurs.   57,000

Total, mètres cubes.   364,000

123. Les voitures des vidangeurs sont très fortes et très lourdes : elles pèsent 1,000 kilos et portent 2 mètres cubes, ou 2,000 kilos ; soit, total, poids du véhicule et de la charge, 3,000 kilogrammes.

Il faut monter ces voitures au haut des faubourgs de Paris, ce qui est nécessairement fort coûteux.

Si, au lieu d'employer cette voie si onéreuse, on se servait du chemin de fer souterrain, chaque voiture, après avoir reçu sa charge, n'aurait à parcourir, pour arriver à la gare la plus voisine, que tout au plus un kilomètre, et le plus souvent beaucoup moins.

Le transport sur le chemin de fer souterrain coûterait 1 fr. 50 cent. chaque mètre cube, soit. . . . .   1 fr. 50 c.

Le transport de La Villette, où aboutirait la voie ferrée souterraine, au dépotoir de Bondy, au moyen de rails sur le sol, coûterait, on le suppose, autant, soit. 1 50

Soit, total, prix de transport d'une tonne de vidange d'une des gares du chemin de fer souterrain à Bondy. . . . .   3 fr. »

Si, au lieu du transport à Bondy, on voulait, à l'aide des grandes lignes des chemins de fer aboutissant aux extrémités du chemin de fer souterrain, transporter les vidanges à 15 kilom. de Paris sur ces lignes, il en coûterait, en supposant le prix de 10 cent. par tonne et par kilomètre, le même prix que pour le transport de La Villette à Bondy, soit 1 fr. 50 c.

124. Comme il y a tout lieu de croire, en présence de prix aussi favorables, et à raison des qualités reconnues aujourd'hui aux matières liquides (1), que toutes les matières des vidanges, tant liquides que solides, seront remises au chemin de fer souterrain, on peut compter sur le transport de (au lieu de 564,000) 300,000 tonnes, à 1 fr. 50 c. par tonne, ou sur une recette annuelle de 450,000 fr.

125. On pourrait ajouter à ce produit le transport des eaux ménagères ou des matières extraites des eaux ménagères; mais comme, jusqu'à présent, ces eaux ont été la proie des égouts et qu'elles n'ont jamais été utilisées, nous ne portons ce que pourra produire leur transport que comme chance d'avenir.

CHAPITRE VIII. — *Récapitulation des produits de la voie ferrée souterraine.*

126. D'après les données ci-dessus établies, ces produits se répartiront ainsi :

1° Les 60,000 voyageurs par jour des omnibus ou voitures de transport en commun (voir ci-dessus, n° 90 et suiv.) produiront par an, à 15 et 10 cent. par voyageur, 2,465,750 fr., soit, nombre rond. . . . . . . F. 2,465,000

2° Les 20,000 voyageurs des chemins de fer aboutissant à la voie ferrée souterraine, à 15 et 10 cent. par voyageur (voir ci-dessus, n° 94 et 95), produiront par an 821,250 fr., soit, nombre rond. 821,000

3° Les bagages des voyageurs des chemins de fer, à 15 cent. par colis, produiront (voir n° 98 et 99). 100,000

4° Produit des articles de messagerie ou de factage dans Paris, à 8 cent. chaque article (voir n° 105). 400,000

5° Produit des articles de vente du commerce de détail et de demi-gros, à 8 cent. par article (voir ci-dessus, n° 107). . . . 200,000

6° Produit du roulage et du camionnage, 1,614,000 tonnes, à 1 fr. 50 cent. la tonne (voir ci-dessus, n° 113), nombre rond. . 2.421,000

7° Le produit du transport des boues de Paris (voir ci-dessus, n° 116.). 300,000

8° Le produit des vidanges et des eaux ménagères (voir ci-dessus, n° 124) 450,000

Total des produits de la voie souterraine. 7,155,000

(1) Voir l'ouvrage de M. Paulet sur l'emploi de l'engrais humain, quai Malaquais, 15.

CHAPITRE IX. — *Frais d'exploitation du réseau de chemins de fer souterrains. — Comparaison entre les frais et les produits. — Intérêts et amortissement. — Tant pour cent.*

127. Les produits et recettes du réseau de chemins de fer souterrains (voir ci-dessus, n° 126) étant de. . . . . F. 7,155,000 »
Et les frais d'exploitation et d'entretien (40 p. 100 des recettes) de. 2,862,000 »

Il restera, représentant intérêt, amortissement et bénéfices. . . . . 4,293,000 »
La construction, l'établissement du chemin et l'achat du mobilier devant exiger une dépense (voir ci-dessus, n° 87) de 64,000,000 »
La recette nette, intérêts, amortissement et bénéfices, sera, pour 100 francs, de. . . . . F. 6 70

2ᵉ Partie.

DU SERVICE COMPLÉMENTAIRE DE TRANSPORT PAR VOITURES A CHEVAUX. MOYENS DE TRANSPORT DES VOYAGEURS, DES BAGAGES, DES ARTICLES DE MESSAGERIE, DE ROULAGE, DU COMMERCE DE DÉTAIL ET DE DEMI-GROS ET DES ARTICLES DE COMMISSION, DES STATIONS DU CHEMIN DE FER SOUTERRAIN A DOMICILE ET A DESTINATION.

TITRE UNIQUE. — Organisation du service complémentaire, moyens de transport des stations du chemin de fer à domicile et à destination, ou réciproquement. — Service complémentaire des voyageurs. Service complémentaire des bagages des voyageurs, des articles de messagerie ou de commission et des articles de roulage.

CHAPITRE Iᵉʳ. — *Observation générale sur l'état actuel des services de transport dans Paris. — Économie et promptitude que produira la centralisation de ces services.*

128. Ainsi qu'on l'a déjà fait remarquer, il n'y a rien de plus divisé, de plus irrégulier, de plus anarchique, que le transport des articles de roulage et de messagerie tel qu'il existe aujourd'hui dans Paris. Chaque entreprise de che-

min de fer, chaque commissionnaire de roulage, chaque entreprise de messagerie, grande ou petite, a ses bureaux pour l'envoi et pour le dépôt, ses camions, ses voitures de factage, ses employés, ses camionneurs, ses facteurs. Cependant, quelque dépense que fassent ainsi individuellement les plus puissantes compagnies, elles ne peuvent parvenir à desservir promptement tous les quartiers de la grande ville (1). Il est évident que, si l'on centralisait tous ces services, on porterait à domicile, avec une promptitude beaucoup plus grande, surtout à l'aide du chemin de fer, et avec une économie de plus de cent pour cent, tous les colis, paquets et objets divers.

Aujourd'hui, chaque entreprise est obligée de mettre en route un camion ou une voiture de factage pour porter un petit nombre d'articles. Une bonne organisation des transports procurera les moyens d'avoir des voitures toujours pleines; et l'on aperçoit sur-le-champ tout ce qui en résultera de favorable à la promptitude du service et à la diminution de la dépense.

On en dirait autant du transport des voyageurs en commun, si la réunion récente des compagnies d'omnibus en une seule ne venait d'apporter enfin quelque entente dans les entreprises, et rendre possible une bonne organisation de ce service.

Ces premières observations montrent tout ce qu'on peut attendre, même comme économie d'exploitation, de l'organisation et de la centralisation des transports dans Paris.

129. Et les prix de transport sur le chemin de fer souterrain et par le service complémentaire seront tellement favorables (voir n°ˢ 4, 10 et 113), qu'ainsi que nous l'avons déjà fait remarquer, les différentes entreprises de roulage et de messageries existant aujourd'hui pourront, tout en se réservant rétribution suffisante de leurs soins et de leur entremise, user du nouveau mode établi, pour leur factage et leur camionnage.

130. Nous devons répondre ici à une objection que l'on fera peut-être. Vous prétendez, dira-t-on, désencombrer les rues de Paris, diminuer le nombre des voitures, et cependant vous instituez un service complémentaire de voitures à chevaux qui, à toutes les heures (voir ci-après, n°ˢ 136 et 139), sillonneront les mêmes rues. La réponse est facile. Au lieu d'avoir, en effet, comme aujourd'hui, à transporter par voitures à chevaux de chacune des gares des grands chemins de fer les marchandises et les articles de roulage et de messagerie sur tous les points et aux extrémités de Paris, et de tous les points et des extrémités de Paris aux gares des grands chemins de fer, on n'aura plus à les transporter ainsi que dans les petites circonscriptions des quinze bureaux de l'entreprise (voir ci-après, n°ˢ 136 et 139); c'est-à-dire qu'au lieu d'avoir à parcou-

____

(1) Voir comment se font les distributions des articles des messageries impériales et du chemin de fer d'Orléans, ci-dessus, n°ˢ 10 et 103.

rir sur le pavé de Paris 4 à 6 kilomètres, distance moyenne des différents points de Paris aux gares des grands chemins de fer, chaque tonne ou chaque article de messagerie n'aura à parcourir que trois quarts de kilomètre, distance moyenen entre chaque gare du chemin de fer souterrain et les points de sa circonscription (voir la note sous le nº 156 , ci-après). Il est donc éviden' que le nombre des voitures de factage et de roulage sera diminué dans la proportion de trois quarts à quatre ou six , et que l'encombrement qu'elles occasionnent dans les rues ne sera plus, toutes autres proportions gardées, que le cinquième ou le huitième de ce qu'il est aujourd'hui.

131. L'exécution de la partie du projet relative aux transports, des stations du chemin de fer souterrain aux divers points et aux extrémités de Paris, donnera lieu à l'établissement de trois services distincts : 1° service des voyageurs ; 2° service des bagages des voyageurs, des articles de messagerie et du commerce et des articles de commission dans Paris; 3° service de roulage ou camionnage.

132. Nous dirons, dans cette deuxième partie de notre travail, tout ce qui a rapport à l'organisation du service complémentaire, et quelle promptitude et quelle économie en résulteront pour tous les transports dans Paris.

Mais comme nous n'aurons pas de concession à demander pour le service complémentaire, comme il suffira d'une simple autorisation, nous nous abstiendrons de supputer et de comparer maintenant les recettes de ce service et ses dépenses.

Chapitre II. — *Service complémentaire des Voyageurs.*

133. Au sortir de la voie souterraine ferrée, les voyageurs seront conduits à leur domicile ou près de leur domicile par des voitures à chevaux.

De même, les voyageurs éloignés du chemin de fer souterrain seront aussi portés à ces stations par des omnibus.

L'administration du chemin de fer souterrain aurait eu un grand intérêt à établir elle-même ce service complémentaire d'omnibus; il aurait pu servir, en même temps, à une partie du service de factage, ou au moins être combiné avec ce service.

Mais la concession du transport des voyageurs *sur le pavé de Paris*, faite à la Compagnie générale des omnibus, s'opposera à ce que ce transport complémentaire de voyageurs soit entrepris, avant l'expiration des trente années de la concession, par l'administration du chemin de fer souterrain.

L'administration générale des omnibus aura le plus grand intérêt à se charger de ce transport complémentaire, en dirigeant ses parcours de manière à transporter les voyageurs, des stations du chemin de fer dans toutes les rues et sur tous les autres points de Paris; elle desservira, de plus, les nombreuses lignes auxquelles le chemin de fer ne fera pas concurrence, et, au lieu de perdre des voyageurs par suite de l'établissement du chemin de fer souterrain, elle en acquerra un grand nombre.

Il y a lieu d'espérer, en effet, presque avec certitude, que l'établissement du chemin de fer souterrain, en abaissant le prix de la circulation dans Paris, en facilitant et en accélérant les transports, doublera, triplera, quadruplera le nombre des voyageurs.

151. L'administration des omnibus percevrait sur tous les voyageurs qu'elle apporterait au chemin de fer souterrain ou qu'elle recevrait du chemin de fer souterrain un droit de correspondance que l'on peut évaluer au quart environ de ce que produira le transport des voyageurs pour le chemin de fer (1), soit 820,500 francs par an (voir ci-dessus n°° 91 et 95), et cela sans que la Compagnie générale des omnibus eût à peine un surcroît de dépense annuelle.

Car l'administration du chemin de fer souterrain n'aura probablement à demander à cette compagnie que les moyens de transmettre, de ses bureaux complémentaires (voir n°° 142 et suiv.) à ses stations, quelques avis de faire prendre chez les expéditeurs et chez les voyageurs les articles de messageries et les bagages.

153. Il y aura là, comme on le voit, une organisation à établir. On ne saurait dès à présent la régler et la bien définir; mais ce que l'on peut affirmer, c'est qu'il sera dans l'intérêt des deux compagnies de s'entendre pour compléter le service de tous les transports dans Paris, c'est que la compagnie générale des omnibus n'aura qu'à gagner à l'établissement du chemin de fer souterrain.

CHAPITRE III. — *Du service complémentaire des bagages des Voyageurs, des articles de messagerie ou de factage, et des articles du commerce de détail ou de demi-gros dans Paris et des Commissionnaires.*

156. Le transport des bagages des voyageurs des chemins de fer, des stations du chemin de fer souterrain à domicile et réciproquement, le transport

---

(1) On suppose que le tiers des voyageurs du chemin de fer prendraient la correspondance (c'est la proportion actuelle parmi les voyageurs des omnibus), et qu'ils paieraient aux omnibus correspondants les deux tiers ou moitié du prix de transport sur le chemin de fer, soit 10 centimes pour la première classe, 5 centimes pour la seconde (voir ci-dessus n° 91). Les prix de 10 centimes pour les premières places et de 5 centimes pour les secondes seraient, d'ailleurs, très avantageux, les omnibus ne devant prendre les voyageurs du chemin de fer que sur les points extrêmes de leurs parcours, et là où ils ont toujours plus de la moitié de leurs places disponibles.

ou factage des articles de messagerie et le transport des articles du commerce de Paris et des particuliers ou articles de commissionnaire, sera fait par des voitures qui partiront d'heure en heure des stations-gares du chemin de fer souterrain, et qui parcourront la circonscription de chaque station.

Ces stations-gares et circonscriptions seront au nombre de 15 (Voir ci-dessus n° 70), et 12 distributions par jour seront faites par les 15 bureaux (1), ou, en tout, 180 distributions.

Deux ou trois facteurs seront attachés à chaque voiture pour la prompte distribution, suivant l'importance des quartiers.

137. Il sera ajouté aux dépenses de ce service une partie des frais des cent petits bureaux disséminés sur tous les autres points de Paris (Voir ci-après n°⁵ 142 et suiv.), où l'on déposera tous les paquets, avis et demandes que l'on voudra faire parvenir à l'administration du chemin de fer souterrain, et qui, avec les trente-huit gares ou stations du chemin de fer (Voir ci-dessus n° 70), compléteront le grand ensemble que le projet tend à réaliser.

138. Des calculs exacts ont établi que, service du chemin de fer et service complémentaire compris, les bagages des voyageurs pourront être portés au prix, par article, de 50 et de 20 cent. (Voir ci-dessus n° 98) (2); les articles de messagerie ou factage et les articles de commission dans Paris, au prix de 20 cent., prix inférieurs de 50 et 40 pour 100 à ceux qui existent aujourd'hui (Voir ci-après n°⁵ 146 et 147).

CHAPITRE IV. — *Service complémentaire de roulage ou de camionnage.*

139. Pour le transport des colis ou articles de roulage, des quinze gares ou grandes stations (voir ci dessus n° 136) du chemin de fer souterrain à domicile et réciproquement, il sera attaché à chacune de ces stations un bureau et un service spécial de roulage ou camionnage.

Chaque bureau de roulage desservira donc le quinzième de la surface de Paris, en faisant porter et prendre, sans discontinuation pendant toute la journée, les articles de roulage, chez les destinataires et chez les expéditeurs.

---

(1) Paris contient dans ses murs 2010 hectares, et, non compris la Seine, 2760 hectares. Ce dernier nombre divisé par 15 donne pour chaque circonscription 184 hectares. Or, comme chaque hectare contient 10,000 mètres carrés, chacune des 15 circonscriptions aura 1,840,000 mètres carrés, ce qui équivaudra à environ 1 kilomètre 360 mètres sur chaque côté.

(2) Un voyageur qui aura quatre articles paiera pour lui même 25 ou 15 centimes avec correspondance, selon la place, et 80 centimes pour son bagage, total 1 fr. 05 cent. ou 95 cent.; il sera porté tout près de son domicile, et ses bagages y seront déposés. Aujourd'hui, il paie aux voitures des chemins de fer 1 fr. 50 cent.; ses bagages et lui-même sont déposés souvent fort loin de son domicile. Enfin il est impossible de faire porter ses bagages au chemin de fer par les voitures, car elles ne viennent pas les prendre à domicile.

140. Il sera ajouté aux dépenses de ce service une partie des frais des cent petits bureaux disséminés sur tous les autres points de Paris (voir ci-après n⁰⁵ 142 et suiv.), où l'on déposera les avis donnés à l'administration du chemin de fer de faire prendre les articles de roulage à domicile.

141. Des calculs exacts ont établi que, service du chemin de fer et service complémentaire compris, les articles de roulage pourront être portés, sur tous les points et de tous les points de Paris, au prix de 3 fr. la tonne, prix inférieur de 30 et 40 p. 0|0 aux prix actuels (voir ci-après n° 147).

CHAPITRE V. — *Etablissement des petits bureaux dans les quartiers éloignés des gares et des stations du Chemin de fer souterrain.*

142. Pour que le service des transports dans Paris soit complet, 100 bureaux secondaires, en outre des 38 gares ou stations du chemin de fer, seront établis sur tous les points de Paris éloignés de ces gares ou stations. Ces bureaux recevront tous les paquets ou articles de messagerie, ceux du commerce de Paris et ceux des particuliers. Les voitures de factage enlèveront ces paquets et articles dans chacune de leurs tournées, d'heure en heure, et les porteront aux 15 grands bureaux, d'où ils partiront immédiatement pour leur destination. Les 100 petits bureaux recevront encore les demandes et avis de faire prendre les bagages des voyageurs des chemins de fer ou les colis de roulage; et, comme les omnibus partiront de ces bureaux toutes les dix ou douze minutes, ils pourront transmettre presque sur-le-champ ces avis et demandes au service des messageries.

143. Les maisons connues pour expédier un grand nombre de paquets ou de colis n'auront, au reste, aucun avis semblable à donner : les voitures de factage ou de messagerie de leur circonscription prendront, chaque heure, en passant, et porteront au bureau de distribution, tous leurs articles.

144. Quant au service et aux dépenses de chacun des 100 petits bureaux, il y sera pourvu par la contribution que leur fourniront le service de factage et le service de camionnage (voir ci-dessus n⁰⁵ 137 et 140). Cette contribution sera suffisante, car les 100 bureaux serviront en même temps de stations aux parcours et lignes de la Compagnie générale des omnibus. Le surplus des loyers, frais de bureaux et appointements des employés, devra donc être couvert par la Compagnie des omnibus, qui trouvera elle-même, dans la participation du service complémentaire, un allégement considérable. Elle profitera, d'ailleurs, encore, de l'établissement des 38 gares ou stations du chemin de fer souterrain, où ses voitures s'arrêteront pour prendre et pour déposer les voyageurs de correspondance que lui fournira le réseau souterrain, et où elle pourra avoir des bureaux.

3ᵉ Partie.

TITRE UNIQUE. — Comparaison des prix de transport des deux services réunis avec les prix actuels.

145. Les voyageurs de première classe paient aujourd'hui dans les omnibus 30 cent.; ils ont droit à la correspondance.

Les voyageurs de 2ᵉ classe paient seulement 15 cent.; mais ils sont sur l'impériale.

Les voyageurs du chemin de fer souterrain paieront (voir nᵒˢ 90 et suiv.) 15 et 10 cent. sur le chemin de fer, et soit 10 ou 5 cent. pour le transport complémentaire (voir nᵒˢ 91 et 131). Ils seront portés beaucoup plus vite, et les voyageurs de 2ᵉ classe n'auront pas à supporter, comme sur l'impériale des omnibus, les ardeurs du soleil l'été, les pluies l'hiver. Les ouvriers ne paieront, pour leur transport sur le chemin de fer, que 5 cent. (voir nᵒˢ 90 et suiv.).

Quant aux parcours, les plus nombreux, qui se borneront à la voie ferrée, ils seront de 50 p. 100 moins chers pour les voyageurs de 1ʳᵉ classe, et de 33 ou 66 p. 100 pour les voyageurs de 2ᵉ classe.

146. Le factage des articles de messagerie coûtera, tout compris, voie ferrée et service complémentaire (nᵒˢ 105 et 158), 20 cent.

Il coûte aujourd'hui, par le chemin de fer (voir nᵒ 101), 50 cent., et par messageries, 35 cent.

La promptitude et la rapidité que gagneront ces articles pour leur arrivée à destination dans Paris sera énorme. Ce bienfait justifierait à lui seul l'établissement de la voie ferrée souterraine.

La même promptitude et la même rapidité seront communiquées au transport des articles de commerce, de détail et de demi-gros, et des particuliers, qui pourront être distribués à chaque heure de la journée.

147. La tonne est transportée, après plusieurs jours d'arrivée, par le camionnage actuel, au prix de 5 fr. et 4 fr. (voir nᵒ 13). Les gares des chemins de fer restent engorgées. Elle sera transportée et remise à destination le jour même, ou, au plus tard, le lendemain de son arrivée à Paris, au prix de 3 fr. (voir nᵒˢ 113 et 158), par la voie ferrée souterraine et le service complémentaire.

L. LE HIR,
Avocat à la Cour impériale de Paris.

DE ROSTANG,   **LACORDAIRE,**
Intendant militaire. *Anc. ingénieur divisionnaire des ponts et chaussées.*

Comte DE LA PINSONNIÈRE, **Comte DE FREULLEVILLE,**
Ancien Pair de France. *Ancien Préfet.*

TABLE DES MATIÈRES.

4115. — Paris, Imprimerie Guiraudet et Jouaust, rue Saint-Honoré, 338.